pe para entender

Los derechos humanos
en México

para entender
Los derechos humanos en México
Emilio Álvarez Icaza Longoria

Primera edición: Producciones Sin Sentido Común: 2021

ISBN: 978-607-8756-69-8

Impreso en México

pe para entender

Los derechos humanos
en México

Emilio Álvarez Icaza Longoria

pe salud

Índice

1. Introducción

Dar cuenta de los derroteros que han llevado a la humanidad a establecer como valores fundamentales a la dignidad humana, la igualdad, la libertad, la democracia y el respeto de los derechos humanos es una tarea que implica retroceder en el tiempo para buscar las claves que en cada momento de la historia han permitido el desarrollo de estos valores como principios universales o acuerdos políticos y normas jurídicas hasta nuestros días. Es entender que ha sido un largo proceso, un largo caminar que aún hoy continúa y continuará en el futuro.

Construcción de los derechos humanos (DH)

La construcción de los derechos humanos ha sido un proceso complejo, pero hay hechos que cristalizan logros o representan parteaguas como la Declaración Universal de los Derechos Humanos, que fue resultado de un esfuerzo conjunto impulsado por el enorme deseo de paz que siguió a las atrocidades de la segunda Guerra Mundial; sólo después de ésta se comprendió la necesidad de avanzar en postulados que obligaran a los Estados a respetar y proteger los derechos que pertenecen a todas las personas por el hecho de ser seres humanos; es decir, el dolor y sufrimiento nunca antes visto llevaron a una respuesta civilizadora de tal magnitud, que puso a las personas en el centro y razón de ser de dicha Declaración.

DH en México

En el caso de nuestro país, el proceso para el reconocimiento de los derechos humanos y su plena vigencia ha tenido sus propios desafíos. Hace poco más de una década que se editó por primera vez este texto y desde entonces México ha vivido diversas y profundas transformaciones en la materia, algunas de las cuales se han reflejado en grandes avances como la reforma constitucional del 2011, mientras que otras han sido alarmantes retrocesos como la declaratoria de crisis de estos derechos, aún vigente.

Esto es relevante porque de ello depende el respeto a la dignidad de hombres y mujeres de todas las edades, características y latitudes. Desde esta perspectiva, la situación de los derechos humanos en nuestro país es una muestra de que es necesario progresar todavía más para dar a conocer a todas las personas los derechos que les son propios; por ello, el presente texto busca contribuir a esta labor al ser una guía práctica para entender los derechos humanos en México.

Para lo anterior, se hace un breve recuento de la historia de los derechos humanos y los contextos en que se originaron y han desarrollado; se realiza una aproximación a su conceptualización, integralidad, características y la clasificación que de ellos se ha hecho para su estudio. También se analizan los instrumentos y mecanismos de protección, defensa y promoción de dichos derechos, en los ámbitos nacional, internacional y regional, así como de las características y funcionamiento del sistema *Ombudsman,* herramienta relevante para la vigencia de estos derechos alrededor del mundo.

La última parte de este texto está dedicada a los derechos humanos en México; para ello, se hace un breve desarrollo de su historia e institucionalización, con énfasis en la importancia de la participación y luchas ciudadanas para su consecución, así como en la evolución del sistema nacional no jurisdiccional de protección y defensa de los mismos. También se hace una breve exposición sobre la actual crisis de derechos humanos que se vive en nuestro país.

Actualmente los derechos humanos son fundamentales para determinar la gobernabilidad democrática y la gestión gubernamental; su importancia es tal que se han convertido en un factor determinante en la vida de las personas y las naciones. De ahí que, a manera de conclusión, señalamos que las violencias y violaciones graves a los derechos humanos son el principal reto que debemos enfrentar en las próximas décadas, de ahí la importancia de que todas las personas entendamos y conozcamos nuestros derechos humanos.

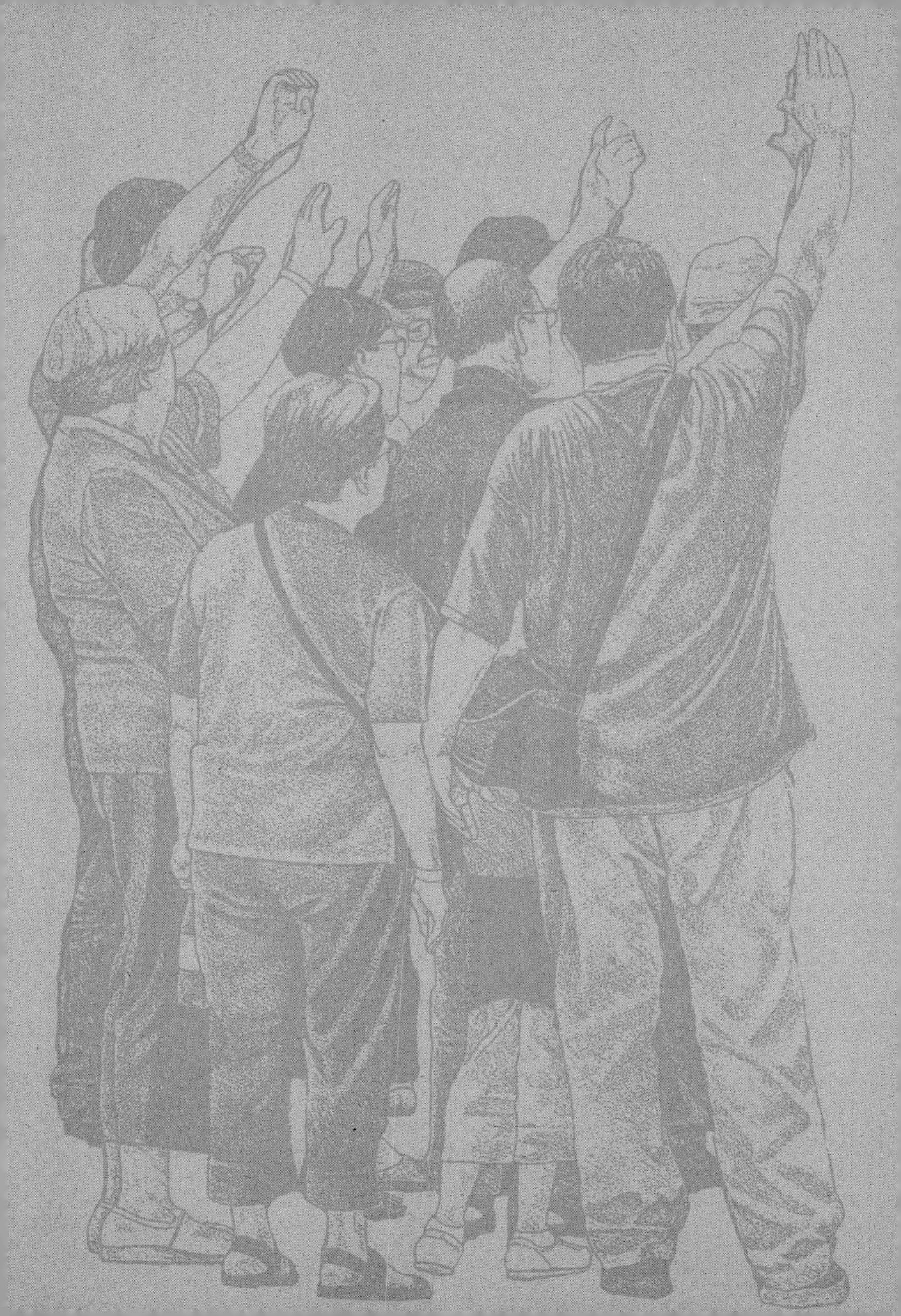

2. Historia de los derechos humanos

DH como construcción social

Los derechos humanos son una construcción social que se ha manifestado de diversas formas a través de la historia de la humanidad, por lo que su formulación actual es resultado de una larga conquista que debe buscarse en la historia política y filosófica. En suma, son consecuencia de las luchas por el reconocimiento y respeto del valor más grande con el que contamos y que constituye el fundamento de todos nuestros derechos, a saber, la dignidad humana.

Documentar este camino es una tarea titánica que implica adentrarse en diferentes culturas, disciplinas, tiempos y latitudes, así como la lucha de grandes personajes que han afirmado en la dignidad humana el valor de cada ser humano (Marina y De la Válgoma, 2005).

La dignidad humana se ha convertido en el supremo valor a proteger y en el fundamento de toda convivencia noble y pacífica, materializándose en la construcción del pensamiento moderno a través del concepto de derechos humanos, el que se ha introducido en documentos jurídicos claves, tanto en el ámbito interno en la mayor parte de las Constituciones Políticas de los Estados alrededor del mundo, como el internacional a partir del desarrollo del Derecho Internacional de los Derechos Humanos (DIDH) (Blengio, 2016).

La historia que llevó al progreso de estos derechos, desde la antigüedad hasta su formulación actual, es sumamente compleja y de ninguna manera es lineal, se encuentra marcada por avances y retrocesos en su reconocimiento y realización. Así fue en la etapa que precedió a dos grandes momentos con los que suele marcarse el nacimiento de la concepción moderna de los derechos humanos: primero, la proclamación de las grandes declaraciones del siglo XVIII, que sellaron para siempre la importancia de los derechos de las personas; y segundo, la firma de la Carta de Naciones Unidas en 1945, en la que por primera vez se incorporó el concepto de "derechos humanos".

Fundamentos filosóficos

De esta manera, los fundamentos filosóficos de los derechos humanos en la época premoderna se ubican principalmente en dos grandes pilares sobre los que se edifica la cultura occidental: la clásica grecolatina y el universo religioso judeocristiano. No obstante, como se analizará más adelante, es importante tener en cuenta que deben reconocerse otras fuentes diversas.

DH en la antigua Grecia

La antigua Grecia es, sin duda, la cuna de la civilización y cultura occidental, en donde grandes pensadores como Sócrates, Platón y Aristóteles plantearon por primera vez la reflexión sobre la mayor parte de los ideales políticos modernos —como la justicia, la libertad, el régimen constitucional y el respeto al derecho—, todos ellos referidos en la noción actual de derechos humanos.

Esto no significa que dichos conceptos fueran entendidos como los conocemos en la actualidad, pues para los griegos, que eran una sociedad muy pequeña comparada con las actuales, la ciudadanía era un privilegio del que gozaban unos cuantos: los hombres libres. Para ellos, el individuo no importaba como tal sino en su función de ciudadano, y el hombre sólo adquiría este carácter en la asamblea, reunión en la cual todos los que participaban se concebían como iguales y tomaban las mejores decisiones en beneficio de la *polis* (ciudad-estado), que tenía como una de sus principales características la autonomía.

Fue esta última característica la que llevó a la ciudad-estado al aislamiento y la condenó al fracaso. Esto propició el paso de la concepción del hombre como fracción de la *polis* al hombre como individuo que se enfrentaba no sólo a una ciudad, sino a un mundo grande y complejo, lo que resulta contradictorio y limitado a la concepción que hoy en día se tiene de la persona.

DH en el estoicismo

Es en este marco, entre los años 300 a.C. y 100 d.C., cuando surge el antecedente más importante de los derechos humanos: la corriente filosófica del estoicismo, desarrollada también en Grecia, y que planteó una idea dignificante del hombre. Para los estoicos existe un estado universal del cual todos los hombres son ciudadanos; en él existe una ley de la naturaleza de la que surge la concepción de un derecho natural, que es la que dicta lo justo y lo bueno y, por tanto, lo que todo hombre debe seguir. Los hombres son parte este orden por ser hijos de Dios, lo que los hace hermanos; por ello, las distinciones sociales no tienen sentido en el estado universal y todos los seres son iguales independientemente de su origen, raza o creencias.

Concepto de fraternidad humana

El desarrollo de estas ideas iría de la mano con la edificación del gran Imperio romano, en donde la noción estoica de la fraternidad humana se vio ampliada y profundizada con la adopción del cristianismo, que difundió un conjunto de derechos inherentes al hombre en cuanto tal y a los cuales los jurisconsultos romanos darían el nombre de "derechos naturales".

Desde entonces, el cristianismo dominaría el escenario de la historia occidental cobrando una fuerza que fue superior a lo largo de toda la Edad Media (siglo v al siglo xv d. C.), en la cual la filosofía cristiana tuvo un predominio total. Si bien es ahí cuando surge el humanismo cristiano y la idea del derecho natural divino continuó desarrollándose, poco a poco la Iglesia fue controlando todos los ámbitos de la vida, al grado de que la autoridad política adquirió una dimensión religiosa, mientras que el conocimiento y saber fueron monopolizados por los monasterios. Todo giraba en torno a Dios.

DH en la filosofía cristiana

Así, el concepto de dignidad tuvo una dimensión religiosa. Su valor derivaba del parentesco que unía al ser humano con Dios y hacía del primero un ser excelente por ser creado a imagen del segundo. Es por ello que las razones de su aparición deben buscarse en el antropocentrismo fomentado, en gran medida, por la religión judeocristiana (*Cf.* Pele, 2004). Asimismo, esta semejanza ante Dios fue base de la igualdad entre las personas.

Bajo la idea cristiana de la aceptación irrestricta de la voluntad de Dios se cometieron, como en muchas otras épocas, grandes injusticias y se justificó el predominio del clero y la nobleza cuya autoridad se desprendía de una interpretación de la voluntad divina. El descubrimiento de América, el desarrollo más tarde de los primeros vestigios del capitalismo, así como el surgimiento de la burguesía, acabó poco a poco con esta etapa dando pie al surgimiento de nuevas ideas y a la recuperación del pensamiento humanista de la cultura clásica. El hombre, como individuo, paulatinamente pasó a ser el centro de su universo.

Nacimiento de los DH en América

En este orden de ideas destaca la homilía del fraile dominico Antón de Montesinos, pronunciada el cuarto domingo de Adviento de 1511, en la recién fundada ciudad de Santo Domingo en la isla La Española (hoy República Dominicana), sede del gobierno español en Indias. Algunos expertos coinciden en que el sermón "Yo soy una voz que clama en el desierto", coincide con el nacimiento de los derechos humanos en América y las Leyes Nuevas de Indias, en las que por primera vez la Corona española censuró y castigó el maltrato, la muerte y la esclavitud de los indígenas. Cabe señalar que las palabras de Montesinos se convirtieron en leyes, por la acción incansable de Bartolomé de Las Casas en 1542 (Fajardo, 2013).

DH en el Renacimiento y la Ilustración

Con la llegada del Renacimiento y de la Ilustración (siglo XV al siglo XVII), se consolidaron algunas libertades y se desarrollaron ideas fundamentales como la *tolerancia religiosa*, o lo que hoy entendemos como libertad de cultos y que forma parte de los derechos humanos. La divinidad y la política se separaban a conveniencia de la nueva clase burguesa, y la vida religiosa pasaba poco a poco a ser parte del universo privado de cada persona.

Todo este camino largo y arduo daría pie a la época moderna, ubicada entre los siglos XVIII y XIX, cuando dieron inicio las grandes declaraciones de derechos, mismas que son el principal antecedente de los derechos humanos en su concepción moderna.

2.1 Las grandes declaraciones de derechos

Declaración de Independencia de los Estados Unidos

La conquista de América se acompañó de la creación de colonias en los nuevos territorios, que estuvieron sometidas política y económicamente a sus conquistadores europeos durante largos periodos. En el norte del continente americano, las 13 colonias británicas que tuvieron un desarrollo económico importante, impulsadas por la inconformidad de pagar altos impuestos a la corona inglesa, proclamaron el 4 de julio de 1776 la Declaración de Independencia de los Estados Unidos de América que, entre otras cosas, enumeraba la competencia de los estados de la naciente nación y señalaba lo siguiente:

> Sostenemos por evidentes, por sí mismas, estas verdades: que todos los hombres son creados iguales nacen iguales; que son dotados por su Creador de ciertos derechos inalienables, entre los cuales están la vida, la libertad y la búsqueda de la felicidad; que para garantizar estos derechos se instituyen entre los hombres los gobiernos, que derivan sus poderes legítimos del consentimiento de los gobernados... (Squella, 1989).

Libertad, igualdad y democracia

En este texto, se destaca el vínculo de los valores de la libertad e igualdad, con la democracia como forma de gobierno.

El desarrollo de la nueva nación llevó más tarde a la proclamación de la Carta o Declaración de Derechos estadounidense —*Bill of Rights*— de 1791, en la que se incorporaron enmiendas para proteger entre otros derechos: la libertad de expresión y de prensa; de asamblea; de culto religioso; de formular peticiones al gobierno en caso de agravios; a no padecer castigos crueles; a no sufrir investigaciones e incautaciones irrazonables, y a tener garantizados procesos justos, rápidos y con un jurado imparcial.

Actualmente existe consenso en afirmar que las primeras declaraciones modernas de derechos humanos aparecieron en las cartas constitucionales de las colonias norteamericanas, formuladas cuando éstas iniciaron su lucha de independencia en contra de Inglaterra.

Declaración de los Derechos del Hombre y del Ciudadano (Francia)

En el viejo continente, la Revolución francesa de 1789 marcó el parteaguas en la lucha por los derechos del hombre. En este periodo, una nación se puso en movimiento con la finalidad de alcanzar la libertad política, la igualdad y la fraternidad, ante el deterioro social del que era objeto en un contexto en el que predominaba la monarquía absoluta, la nobleza y el clero eran clases inmensamente privilegiadas; había una creciente burguesía que se encontraba inconforme por la exclusión, por el cobro de altos impuestos y por la gran pobreza que sufrían las clases más bajas.

En este contexto, las ideas de Jean-Jacques Rousseau y John Locke, importantes pensadores de la época, encontraron un sustento unánime. Entre éstas destacan la existencia de la igualdad entre los hombres y, por ende, de derechos naturales, así como la idea de que el Estado debía su existencia a la voluntad general, acordada a través de un contrato social, razón por la cual el pueblo era el verdadero soberano.

Origen de la soberanía

Así, de manera similar a la Declaración de 1776, los representantes del pueblo francés convinieron también en que los hombres nacen y permanecen libres e iguales en derechos, y en que el origen de toda soberanía reside esencialmente en la nación, de modo tal que ningún individuo puede ejercer autoridad que no emane expresamente de ella.

Basada en estas ideas, la Declaración de los Derechos del Hombre y el Ciudadano fue promulgada en el año de 1789, por la Asamblea Nacional Constituyente Francesa, la que otorgaba a los individuos derechos como: la presunción de inocencia, la libertad de opinión y de religión, la libertad de expresión, el derecho a la propiedad, el derecho a la resistencia contra la opresión, el sistema de gobierno representativo, la primacía de la ley y la separación de poderes. Asimismo, afirmaba los valores de libertad e igualdad y los principios políticos de soberanía nacional, la ley como expresión de la voluntad general y la división de poderes.

Esto constituyó la semilla de un sistema de instituciones representativas que comenzarían a fundarse. Muestra de ello es *Los derechos del hombre,* obra escrita por Thomas Paine en 1790, que refleja la filosofía democrática de la Revolución francesa, al plasmar los conceptos de igualdad y libertad, elementos que conforman la base de lo que hoy conocemos como igualdad social. Desde su punto de vista, todo trabajador era un ciudadano con plenitud de derechos, de modo tal que las instituciones representativas debían asegurar sus intereses. Por esto, consideraba a las constituciones como el centro del sistema político, las que debían fundarse sobre el interés común y la justicia para los ciudadanos.

Cabe señalar que, a pesar de este importante avance, aún quedaba un largo camino por recorrer; sólo basta recordar a Olympe de Gouges, quien no sólo apoyó la ideología revolucionaria y luchó contra la esclavitud, sino también fue ferviente una defensora de la igualdad y los derechos de la mujer. Pionera en su época, en 1791

Derechos de la mujer en Francia, s. XVIII

redactó la *Declaración de los Derechos de la Mujer y la Ciudadana.* Su máxima fue: "Si la mujer puede subir al cadalso, también se le debería reconocer el derecho de poder subir a la tribuna". La gran y dolorosa ironía fue que los promotores de la "igualdad", "fraternidad" y "libertad" no estuvieron dispuestos a permitir la liberación femenina y su participación igualitaria. Vergonzosamente, la iniciativa de Olympe de Gouges tuvo como consecuencia ser condenada a la guillotina en 1793.

No obstante, las Declaraciones estadounidense y francesa fueron guías fundamentales en la historia de los derechos humanos, ya que proclamaron por vez primera los derechos del individuo junto con la libertad, igualdad y fraternidad de todos los seres humanos y la subordinación del poder militar al poder civil. Igualmente, afirmaron la separación de los poderes del Estado: Legislativo y Ejecutivo y la primacía del poder del pueblo y de sus representantes. Así, dichas Declaraciones fueron textos jurídicos en los que aparecían vinculados los valores de la libertad e igualdad, y éstos, a su vez, junto a la democracia como forma de gobierno.

De esta manera, en la época moderna devino un cambio en el concepto de dignidad del hombre, el cual poco a poco se separó del origen divino para derivar de su propia naturaleza humana. Esta nueva concepción repercutirá más adelante en el ámbito jurídico con la concepción del concepto de derechos humanos.

2.2 La Organización de las Naciones Unidas

Los nuevos descubrimientos tecnológicos y la industrialización a lo largo de la segunda mitad del siglo XVIII y de todo el XIX, llevaron un crecimiento y desarrollo sin precedentes del capitalismo y del comercio alrededor del mundo. Como consecuencia de ello, el siglo XX vería surgir las dos más grandes guerras en la historia de la humanidad, en las que la tecnología y las invenciones que habían ayudado al desarrollo de la humanidad se utilizaron para destruir a la especie humana. Ante esta situación, el final de la primera Guerra Mundial dio origen a la Sociedad de Naciones, organización que buscaba fomentar una política mundial de desarme y seguridad colectiva. Sin embargo, poco tiempo después de creada mostró su ineficacia, así lo confirmaría la aún más cruenta segunda Guerra Mundial que inició en 1939.

Al terminar dicha guerra en 1945, el desolador balance arrojó millones de muertes civiles, la explosión de dos bombas nucleares, el exterminio, genocidio y holocausto dirigido a grupos específicos como judíos, gitanos y homosexuales, las vejaciones a millones de mujeres y la destrucción total de ciudades, entre otras muchas tragedias.

La consternación mundial ante estas atrocidades llevó a la comunidad internacional a la conformación de la Organización de las Naciones Unidas (ONU) en reemplazo de la Sociedad de Naciones. La Carta de la Organización de las Naciones Unidas, el documento con el que quedó constituida, fue firmada por los 51 Estados miembros originales, entre ellos México y entró en vigor el 24 de octubre de 1945.

Características y funciones de la ONU

En ella se estableció que la ONU es un foro o lugar de reunión creado para ayudar a encontrar soluciones a las controversias o problemas entre países y a adoptar medidas en relación con casi todas las cuestiones que interesan a la humanidad, destacando por su importancia la preservación a las nuevas generaciones del flagelo de la guerra, la reafirmación de la fe en los derechos fundamentales del hombre, en la dignidad y el valor de la persona humana, en la igualdad de derechos de hombres y mujeres, la creación de condiciones para mantener la justicia y el respeto a los tratados internacionales y la promoción del progreso social y elevación del nivel de vida.

Destaca también la cooperación internacional en el desarrollo y estímulo del respeto a los derechos humanos y a las libertades fundamentales de todas las personas, sin hacer distinción por motivos de raza, sexo, idioma o religión.

Estados miembros de la ONU

En la actualidad, 193 países soberanos integran la lista de Estados miembros de las Naciones Unidas, cuya finalidad es mantener la paz y seguridad internacionales, promover las relaciones de amistad entre las naciones y el progreso social. México es parte de esta organización desde el 7 de noviembre de 1945, como miembro fundador.

2.3 La Organización de los Estados Americanos y la Declaración Americana de los Derechos y Deberes del Hombre

La Organización de los Estados Americanos (OEA) es el organismo regional más antiguo del mundo, cuyo origen se remonta a la Primera Conferencia Internacional Americana, celebrada en Washington, D.C., de octubre de 1889 a abril de 1890. En esta reunión, se acordó crear la Unión Internacional de Repúblicas Americanas y se empezó a tejer una red de disposiciones e instituciones que llegaría a conocerse como *sistema interamericano*, el más antiguo sistema institucional internacional.

Objetivo de la OEA

La OEA fue creada en 1948 cuando se subscribió, en Bogotá, Colombia, la Carta de la OEA que entró en vigor en diciembre de 1951; posteriormente la Carta ha tenido varias enmiendas. Su objetivo es, como lo estipula el artículo 1 de la Carta, lograr "un orden de paz y de justicia, fomentar su solidaridad, robustecer su colaboración y defender su soberanía, su integridad territorial y su independencia". Asimismo, su propósito tiene como base los siguientes pilares: la democracia, los derechos humanos, la seguridad y el desarrollo (OEA, c).

Actualmente la OEA reúne a los 35 países independientes de las Américas y constituye el principal foro gubernamental político, jurídico y social del hemisferio. Igualmente, ha otorgado el estatus de Observador permanente a 69 Estados, así como a la Unión Europea. Cabe señalar que en 1962 Cuba fue excluida de la OEA (OEA, a).

Por otra parte, la Declaración Universal de Derechos Humanos siempre ha sido considerada como el punto de partida del régimen global de derechos humanos; sin embargo, ocho meses antes de que se aprobara el 10 de diciembre en 1948, los países latinoamericanos fueron protagonistas de la idea de *derechos humanos internacionales*, en el periodo posterior a la segunda Guerra Mundial, en particular en el anteproyecto de la primera declaración de derechos: la Declaración Americana de los Derechos y Deberes del Hombre (*Cfr*. Sikkink, 2015), también denominada "Carta Magna del Sistema Interamericano". Desde esta perspectiva, algunos autores consideran que los trabajos realizados en América fueron usados por la Comisión de Derechos Humanos (CDH) de las Naciones Unidas, como base para la preparación del documento universal (Paúl Díaz, 2016).

Lo cierto es que la Declaración Americana es el primer instrumento internacional de derechos humanos de carácter general. Paralelamente a la creación de la OEA, la Declaración Americana fue adoptada de manera formal y unánime en la IX Conferencia Internacional Americana, celebrada en Bogotá, Colombia el 2 de mayo de 1948.

La peculiaridad de la Declaración Americana radica en que, por un lado, establece un catálogo integral de derechos humanos y diversos deberes que debe asumir el hombre y, por el otro, el compromiso de los Estados miembros de la OEA de respetar ambos documentos.

Finalmente, destaca el preámbulo de dicha declaración al retomar la idea de que todos los hombres nacen libres e iguales en dignidad y derechos y, dotados como están por naturaleza de razón y conciencia, deben conducirse de forma fraterna los unos con los otros. Asimismo, en su único señala que los derechos esenciales del hombre no surgen del hecho de pertenecer a un determinado Estado o tener una determinada nacionalidad, sino que tienen como fundamento los atributos de la persona humana; esto se traduce en que al legislar en esta materia, los Estados americanos no crean o conceden derechos, sino que los reconocen.

2.4 La Declaración Universal de los Derechos Humanos

Con el objetivo de crear una declaración de derechos, es decir, una lista completa de derechos humanos que permitiera poner en marcha la promoción y defensa de los principios establecidos en la Carta de Naciones Unidas, la ONU, a través del Consejo Económico y Social, creó en 1946 la Comisión de Derechos Humanos (CDH). El 15 de marzo de 2006 la Asamblea General de las Naciones Unidas creó el Consejo de Derechos Humanos, órgano que sustituyó a la Comisión de Derechos Humanos, cuyas funciones son las de fortalecer la protección y promoción de los derechos humanos en el mundo, así como atender las situaciones de violaciones a dichos derechos y hacer recomendaciones sobre ello.

Carta Internacional de DH

La CDH, en su primer periodo de sesiones, celebrado a principios de 1947, autorizó a sus miembros a formular lo que denominó "un anteproyecto de Carta Internacional de Derechos Humanos". Posteriormente, esta labor fue asumida oficialmente por un comité de redacción integrado por miembros de la Comisión procedentes de ocho Estados, que fueron elegidos teniendo debidamente en cuenta la distribución geográfica. Estuvo bajo la presidencia de Eleanor Roosevelt, viuda del presidente estadounidense Franklin D. Roosevelt, y contó con la presencia de René Cassin (Francia), Charles Malik (Líbano), Peng Chun Chang (China), Hernán Santa Cruz (Chile), Alexandre Bogomolov (Unión Soviética), Charles Dukes (Reino Unido), William Hodgson (Australia) y John Humphrey (Canadá).

La CDH tuvo como principal misión redactar un proyecto de Carta Internacional de Derechos Humanos, concebida en tres partes: una declaración, un pacto y medidas de aplicación.

Después de un cuidadoso escrutinio y de numerosas votaciones sobre prácticamente cada una de las cláusulas y palabras, la Asamblea General aprobó la Declaración Universal de Derechos Humanos el 10 de diciembre de 1948, en el *Palais de Chaillot* de París. Desde entonces, en ese día se celebra el "Día de los derechos humanos".

Si bien la historia conoció documentos previos como las Declaraciones de 1776 y de 1789, que reclamaban los derechos naturales, iguales y universales para los individuos, la Declaración Universal de Derechos Humanos (DUDH) marcó un hito en la historia de los derechos humanos, ya que por primera vez la comunidad organizada

Vigencia de la Declaración Universal de los DH

de naciones estableció como un ideal común para todos los pueblos y naciones los derechos humanos fundamentales que deben protegerse en todo en mundo. Asimismo, en adelante, por consenso internacional habría un cambio en las relaciones entre Estados, entre los individuos, así como entre individuos y los Estados.

La DUDH se basó en valores comunes inherentes a los principales sistemas jurídicos y tradiciones religiosas y filosóficas del mundo. Desde el momento que se adoptó y hasta nuestros días, representa una declaración de las metas y aspiraciones que la comunidad internacional comparte y busca alcanzar. Reconoce y afirma que todos los derechos humanos tienen su origen en la dignidad y el valor de la persona humana, y que ésta es el centro de los mismos y de las libertades fundamentales, por lo que debe ser la principal beneficiaria de esos derechos y libertades y debe participar activamente en su realización.

A más de setenta años de su proclamación, la DUDH continúa más vigente que nunca y su plena garantía es aún una aspiración para la comunidad internacional.

3. ¿Qué son los derechos humanos?

Hoy en día, en la academia y fuera de ella es común el uso de la expresión "derechos humanos". Sin embargo, ello no garantiza que el significado que se le otorgue sea el más adecuado. Sin profundizar en las diversas corrientes o debates en torno a este tema, el punto de coincidencia es que los derechos humanos implican valores, actitudes, conductas y leyes particulares con finalidad proteger y promover el desarrollo de la integridad y la dignidad de todo ser humano para alcanzar su bienestar, el progreso social y una convivencia pacífica entre individuos, grupos y naciones.

3.1 Definición

Existen muchas definiciones, pero una buena síntesis es la que se presenta de acuerdo con la Oficina de la Alta Comisionada de las Naciones Unidas para los Derechos Humanos (OACNUDH) (2016):

Definición de DH

> Los derechos humanos son derechos inherentes a todas las personas. Definen las relaciones entre los individuos y las estructuras de poder, especialmente el Estado. Delimitan el poder del Estado y, al mismo tiempo, exigen que el Estado adopte medidas positivas que garanticen condiciones en las que todas las personas puedan disfrutar de sus derechos humanos. [...] Desde un punto de vista jurídico, los derechos humanos pueden definirse como la suma de derechos individuales y colectivos reconocidos por los Estados soberanos y consagrados en su legislación nacional y en las normas internacionales de derechos humanos.

DH como valores, acuerdos y normas

Los derechos humanos son valores, acuerdos políticos y normas jurídicas. Como valores deben ser traducidos en principios o acuerdos políticos y, para exigir su cumplimiento, deben concretarse en normas jurídicas o leyes. Lo anterior significa que no son algo terminado, sino que responden a necesidades fundamentales que no han sido completamente satisfechas y que se manifiestan en luchas y movimientos sociales.

En este sentido, tal como señala el artículo 2 de la Declaración Universal de Derechos Humanos, son derechos que nos pertenecen a todas las personas por el simple hecho de ser seres humanos:

Artículo 2 de la Declaración Universal de DH

> Toda persona tiene todos los derechos y libertades proclamados en esta Declaración, sin distinción alguna de raza, color, sexo, idioma, religión, opinión política o de cualquier otra índole, origen nacional o social, posición económica, nacimiento o cualquier otra condición. Además, no se hará distinción alguna fundada en la condición política, jurídica o internacional del país o territorio de cuya jurisdicción dependa una persona, tanto si se trata de un país independiente, como de un territorio bajo administración fiduciaria, no autónomo o sometido a cualquier otra limitación de soberanía.

Aunado a ello, la plena vigencia y respeto de los derechos inherentes a la persona constituye un elemento fundamental de todo Estado constitucional democrático de derecho. Por lo mismo, los gobiernos de cada país deben garantizar el cumplimiento de estos derechos a sus habitantes.

Democracia y DH

Por otra parte, a partir de una perspectiva basada en el consenso internacional, se reconoce la íntima relación que existe entre democracia y derechos humanos. Este nexo está plasmado en el artículo 21, numeral 3, de la de la Declaración Universal de Derechos Humanos, la cual señala:

> La voluntad de la población debe constituir la base de la autoridad de gobierno; ello se expresará en elecciones periódicas y genuinas que serán mediante sufragio universal e igual y se celebrarán por voto secreto o por procedimientos de votación libres equivalentes.

Si bien este artículo sólo muestra una cara de lo que hoy entendemos por democracia, da la pauta para su desarrollo integral. Los derechos consagrados en otros instrumentos internacionales de derechos humanos son igualmente esenciales para la democracia, habida cuenta de que garantizan la distribución equitativa de la riqueza, así como la igualdad y equidad con respecto al acceso a los derechos civiles y políticos.

La propia ONU ha reconocido el vínculo necesario que existe entre la democracia y los derechos humanos. Al respecto, en 1997 el Consejo Interparlamentario adoptó en su 161ª sesión en el Cairo, Egipto, la Declaración Universal sobre la Democracia, que en su principio 3 señala que la democracia como un ideal trata fundamentalmente de mantener y promover la dignidad y los derechos fundamentales. Asimismo, el principio 7 refiere que la democracia se funda en la primacía del derecho y en el ejercicio de los derechos humanos; así, de acuerdo con lo anterior, la comunidad internacional reconoce tales derechos como principios básicos de la democracia.

La consagración de los derechos humanos en diversos instrumentos internacionales, así como en los ordenamientos constitucionales, es resultado del desarrollo de las ideas políticas y sociales de la humanidad, así como de la lucha de los pueblos por su libertad y por alcanzar fórmulas óptimas de convivencia.

Obligaciones de los Estados

Inspirados en los valores de dignidad, justicia, igualdad y libertad, los derechos humanos implican obligaciones a cargo de los Estados, a quienes corresponde garantizar las condiciones para que sus habitantes puedan hacer efectivos estos derechos. Esto es así debido a que son los Estados quienes han asumido en los diversos tratados internacionales la responsabilidad de respetar y garantizar los derechos humanos, razón por la cual sólo ellos pueden ser considerados responsables de violarlos.

Así, el marco legal de los derechos humanos obliga a los gobiernos a actuar a favor de las personas y a omitir acciones que puedan perjudicarlas de forma jurídica, física o psicológica.

Lo anterior da pauta para señalar que, en términos de la relación del Estado y las personas, los derechos humanos son obligaciones estatales porque precisamente para eso fueron construidos y, por tanto, debe garantizarse el ejercicio de dichos derechos.

¿Quién viola los DH?

Por ello, a la pregunta "¿Quién viola los derechos humanos?" debemos responder que sólo los agentes del Estado puede violarlos tanto por acción, como por omisión; es decir, porque el Estado hizo algo o porque dejó de hacerlo. Esto significa que los particulares sólo cometen delitos o faltas administrativas y deben ser castigados.

Esto es muy importante en el marco de las discusiones que han venido generándose en relación con este tema, pues es necesario contemplar y comprender la responsabilidad que podría llegar a tener una persona cuando actúa como agente estatal sin serlo; es decir, con la autorización o aquiescencia de un servidor público (Estado). Un ejemplo de esta naturaleza es la previsión hecha en la Ley General en materia de Desaparición Forzada de Personas, Desaparición cometida por Particulares y del Sistema Nacional de Búsqueda de Personas.

Para entender mejor esta idea podemos tomar el derecho a un medio ambiente sano y ecológicamente equilibrado como ejemplo, ya que es fundamental para la sobrevivencia de todas las personas. Si bien los particulares pueden ser responsables de malgastar un recurso prioritario como el agua, de tirar basura en la calle, de no separar los residuos, de utilizar excesivamente el automóvil; o si bien las empresas pueden ser responsables de verter una gran cantidad de contaminantes a nuestros ríos, mares y atmósfera, se considera que el Estado es el que está cometiendo la violación de este derecho, pues a él corresponde velar porque estas situaciones no ocurran, legislar para imponer sanciones a estos dañinos actos e intervenir para sancionar a quienes los realizan.

Otros actores responsables de respetar los DH

Así, si bien quienes tienen la obligación principal de respetar y proteger los derechos humanos son las autoridades y servidores públicos, también las iglesias, partidos políticos, empresas, sindicatos, comunidades indígenas, padres de familia y, en general, cualquier persona tienen la responsabilidad de respetarlos y promover su plena realización. Por ello, es fundamental tener presente que el único límite a todos los derechos humanos de una persona son los derechos de los demás.

Finalmente, como bien señala Kathryn Sikkink (2015), es conveniente que los derechos humanos estén bajo una constante revisión y debate. El concepto de derechos humanos se ha vuelto hoy uno de los discursos más dominantes en el plano moral y político. Es una de las maneras en que discutimos nuestros valores y nuestras creencias. En tanto conjunto cada vez más influyente de normas, leyes e instituciones, así como un movimiento global poderoso, los derechos humanos deben ser tema de indagación y crítica.

3.2 Las generaciones de los derechos humanos

Clasificación de los derechos humanos

El estudio y análisis de los derechos humanos ha implicado clasificarlos de diversas maneras; por ejemplo, con frecuencia se hace la división entre derechos humanos esenciales y complementarios; o bien, se los clasifica a partir de diferentes generaciones, es decir, del momento o contexto político de su aparición y de los valores que ellos implican, tales como la libertad, la igualdad y la solidaridad; por ello, podríamos decir que esta última forma de clasificarlos corresponde a una visión histórico-social.

Desde esta perspectiva, las generaciones de derechos humanos se han clasificado como aparece en el cuadro 1.

Generaciones de derechos

Según esta clasificación, los derechos humanos de primera generación son aquellos que el Estado debe respetar siempre y se refieren a la libertad de los individuos. Los de segunda generación se enfocan en la igualdad y el Estado tiene la obligación de realizarlos, es decir, debe actuar en pro de su satisfacción, la cual también debe ser de manera progresiva. Los derechos humanos de tercera generación surgieron como una respuesta a la necesidad de cooperación entre las naciones, mientras que los de cuarta generación surgieron ante la emergencia de nuevos valores en el contexto de la nueva realidad técnica y científica.

Cuadro 1. Clasificación de las generaciones de los derechos humanos

Primera generación: Derechos civiles y políticos	**Segunda generación:** Derechos económicos, sociales y culturales	**Tercera generación:** Derechos colectivos o de solidaridad	**Cuarta generación:** Derechos de acceso a las nuevas tecnologías
a la vida a la integridad física y moral a la libertad personal a la libertad de movimiento o de libre tránsito a la igualdad ante la ley a la libertad de pensamiento, de conciencia y religión a la libertad de opinión, expresión y prensa de residencia y de inviolabilidad del domicilio a la libertad de reunión a la libertad de asociación a la seguridad jurídica y garantías del debido proceso a la nacionalidad a participar en la dirección de asuntos políticos a elegir y ser elegido en cargos públicos a formar un partido o afiliarse a alguno	a la educación a la libre determinación al trabajo a condiciones equitativas y satisfactorias de trabajo a fundar y afiliarse a sindicatos, libertad sindical y huelga a la seguridad social a la protección y asistencia a la familia a un nivel de vida adecuado a la alimentación a la vivienda a la salud y a un medio ambiente sano	a la paz al desarrollo sostenible a un medio ambiente sano y ecológicamente equilibrado a la autodeterminación de los pueblos al patrimonio común de la humanidad	al desarrollo tecnológico las tecnologías de la información, las comunicaciones y el ciberespacio al aprovechamiento de los progresos de la biomedicina y la biotecnología

Fuente: Elaboración del autor. La lista de derechos presentada es ilustrativa.

Como se ha dicho, esta perspectiva es sólo para efectos prácticos y para propiciar una mejor comprensión de los diferentes derechos. A continuación se presenta una breve definición de los mismos.

3.2.1 Derechos civiles y políticos

Los derechos civiles y políticos son los que protegen la libertad e integridad personal, así como nuestra participación en la vida política del Estado. Pueden exigirse a las autoridades ante instancias judiciales. Asimismo, se encuentran establecidos de manera extensiva en la mayoría de las legislaciones nacionales.

3.2.2 Derechos económicos, sociales, culturales y ambientales

Protegen el derecho a disfrutar de condiciones dignas de vida, atendiendo las necesidades económicas, sociales y culturales de las personas. Actualmente este tipo de derechos se esfuerza por encontrar, por medio de diversos movimientos sociales, las herramientas adecuadas para su exigibilidad, pues los Estados no han desarrollado aún los instrumentos jurídicos ni las instancias gubernamentales suficientes para su justiciabilidad, a pesar de lo señalado por el artículo 1 de la Constitución mexicana, de modo contrario a lo que ha sucedido con los derechos civiles y políticos.

3.2.3 Derechos de solidaridad

Se refieren a la protección de las comunidades o los pueblos. Estos derechos surgieron tras una serie de luchas reivindicatorias de la sociedad civil que ha buscado condiciones más equitativas a nivel internacional para el desarrollo de las personas y de los pueblos. Sin embargo, estos derechos aún están en proceso de encontrar formas de codificación tanto a nivel nacional como internacional.

3.2.4 Derechos de acceso a las nuevas tecnologías

Son los derechos más recientes y también se encuentran en proceso de regulación a nivel nacional e internacional; surgieron en una era en la que la tecnología no sólo es una condición, sino también una característica de nuestra sociedad tanto a nivel personal como comunitario. Actualmente, el desafío en el ejercicio de estos derechos es cómo llevar a este nuevo espacio valores como la dignidad humana, la libertad, la igualdad, la solidaridad y la paz, entre otros.

3.3 La integralidad de los derechos humanos

El 25 de junio de 1993, representantes de 175 Estados aprobaron, a través de la Declaración y Programa de Acción de Viena, aprobada por la Conferencia Mundial de Derechos Humanos del 25 de junio de ese año, que todos los derechos humanos son integrales (OACNUDH, 1993):

Los DH son interdependientes

> Todos los derechos humanos son universales, indivisibles e interdependientes y están relacionados entre sí. La comunidad internacional debe tratar los derechos humanos de forma global y de manera justa y equitativa, en pie de igualdad y dándoles a todos el mismo peso.

La integralidad de los derechos humanos significa que cualquier violación a algún derecho impacta en los demás afectándolos en su conjunto, lo que genera un círculo vicioso de menoscabo o restricción a la calidad de vida. Así, una visión integral de los derechos humanos debe tomar en cuenta todas sus dimensiones, por lo que deben ser analizados desde diversas disciplinas como el derecho, la ética, la ciencia política, la sociología y la historia. No se debe establecer ningún tipo de jerarquía y mucho menos creer que unos son más importantes que otros.

Esquema: 1 Integralidad de los derechos humanos

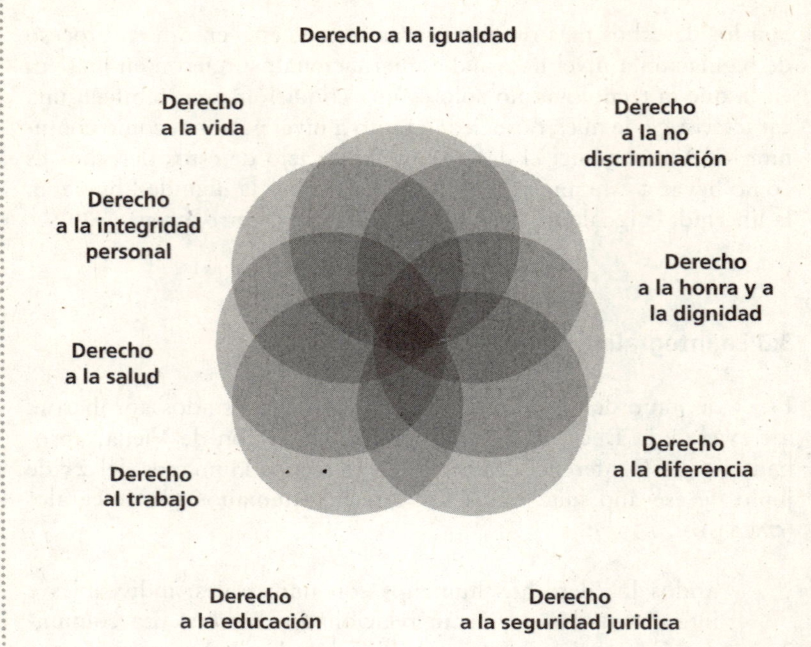

Fuente: Elaboración del autor.

Ninguna división que se haga para el estudio o análisis de los derechos humanos debe atentar contra su integridad y progresividad, características que dan fuerza y consistencia al concepto de derechos humanos, con lo cual se contribuye a una protección más eficaz y eficiente de los mismos. Esto se vincula de manera directa con las características de los derechos humanos.

3.4 Características de los derechos humanos

Universalidad

Integralidad

Obligatoriedad

Dentro de las principales características de los derechos humanos están las siguientes: son *universales* porque deben ser reconocidos a todas las personas por igual, ya que todas tenemos la misma dignidad; son *integrales*, al ser interdependientes y al violarse un derecho inmediatamente se vulnera otro, es decir, no pueden respetarse aisladamente; son *obligatorios*, pues al ser naturales y universales todos debemos respetarlos. También es necesario que todo ordenamiento jurídico los proteja para que pasen del plano de los valores al de la realidad jurídica; son *sancionables*, ya que su incumplimiento corresponde una sanción determinada por la legislación correspondiente; son *intrínsecos o innatos* por ser inherentes a las persona y derivar de su propia naturaleza, de la dignidad humana; *son irrenunciables* porque nadie puede renunciar o despojarnos de ellos; son *inalienables e incondicionales*, pues nadie puede enajenarlos, son *innegociables*; son *intransferibles*, debido a que no se pueden ceder a otra persona; son *naturales,* porque existen por el hecho mismo de que todas las personas compartimos la naturaleza humana. Por lo tanto, no distinguen raza, sexo, posición social, religión, orientación sexual, posición económica, ideológica, política o laboral, y son *históricos,* por tratarse de un concepto que se ha reconocido y fortalecido en el devenir del tiempo y nos toca incidir en ese fortalecimiento desde nuestro quehacer cotidiano.

Sancionablidad

Irrenunciabilidad e inalienabilidad

Historicidad

3.5 Los Objetivos de Desarrollo del Milenio y la agenda 2030 para el desarrollo sostenible

En septiembre del año 2000 se celebró en Nueva York la Cumbre del Milenio de las Naciones Unidas. En ese espacio, los líderes de 189 naciones reafirmaron la confianza en la ONU y en su Carta como cimientos indispensables de un mundo más pacífico, más próspero y más justo; asimismo, consideraron que los valores de la libertad, la igualdad, la solidaridad, la tolerancia, el respeto de la naturaleza, la responsabilidad común son fundamentales para las relaciones internacionales del siglo XXI. Asimismo, para plasmar en acciones estos valores comunes, se formularon objetivos clave relacionados con la paz, la seguridad y el desarme; el desarrollo y la erradicación de la pobreza; la protección del entorno común; los derechos humanos, la democracia y el buen gobierno; la protección de las personas vulnerables, y el fortalecimiento de las Naciones Unidas (Asamblea General de las Naciones Unidas, 2020).

La Cumbre del Milenio de las Naciones Unidas fue uno de los esfuerzos más significativos de la historia contemporánea para ayudar a las personas más necesitadas. A través de los Objetivos de Desarrollo del Milenio (ODM) se buscó atender las necesidades humanas más apremiantes y los derechos fundamentales que todos los seres humanos deberían disfrutar, para lo cual se establecieron metas e indicadores que permitieran medir el grado de avance y cumplimiento de ocho objetivos: erradicar la pobreza extrema y el hambre; lograr la enseñanza primaria universal; promover la igualdad de género y la autonomía de la mujer; reducir la mortalidad

Indicadores y metas de los ODM

infantil; mejorar la salud materna; combatir el VIH/SIDA, malaria y otras enfermedades; garantizar la sostenibilidad del medio ambiente y fomentar una alianza global para el desarrollo.

Cumplimiento de los ODM

Para alcanzar lo anterior, en el año 2002, las Naciones Unidas, con la asistencia del Banco Mundial (BM), el Fondo Monetario Internacional (FMI) y la Organización para la Cooperación y el Desarrollo Económico (OCDE) decidieron monitorear el cumplimiento y avance de cada país, a través de 21 metas y 48 indicadores cuantitativos, que en 2008 incrementaron a 70; para ello, cada país tomaría en cuenta las prioridades nacionales (*Cf.* Naciones Unidas México).

Agenda 2030 para el Desarrollo Sostenible

Los ODM sirvieron como parámetro de sustitución para determinados derechos económicos y sociales, pero hicieron caso omiso de otros aspectos importantes vinculados a los derechos humanos, los que hoy en día son esenciales para alcanzar el desarrollo sostenible; por ello, en septiembre de 2015, dirigentes de 170 países se reunieron en Nueva York, durante la Cumbre de las Naciones Unidas sobre el Desarrollo Sostenible; de la que surgió la Agenda 2030 para el Desarrollo Sostenible, un nuevo programa de 17 Objetivos de Desarrollo Sostenible (ODS) y 167 metas conexas que orientan las actividades de desarrollo a escala nacional y mundial durante los próximos 15 años. La Agenda 2030 ofrece oportunidades para fomentar la aplicación de los derechos humanos entre personas del mundo entero, sin discriminación (OACNUDH, c).

4. Defensa, protección y promoción de los derechos humanos

La tarea de la defensa, protección y promoción de los derechos humanos ha requerido, a nivel internacional y en el ámbito regional, la creación de un sistema jurídico internacional especializado, integrado por declaraciones, tratados, pactos, protocolos, proclamaciones y convenciones que obligan a los Estados a garantizar, proteger y promover los derechos humanos, así como la construcción de una serie de organismos destinados a dichas labores.

Instrumentos de protección de los DH

A partir de la DUDH, una serie de tratados internacionales en la materia y otros instrumentos adoptados desde 1945 han conferido una base jurídica a los derechos humanos y se ha desarrollado el conjunto internacional de estos derechos, en los que se establecen las obligaciones que los Estados que forman parte en dichos tratados deben respetar, así como determinados mecanismos de protección. En el ámbito regional también se han adoptado otros instrumentos que reflejan las preocupaciones específicas en este tema desde la respectiva región. Este conjunto de instrumentos internacionales y regionales es lo que se ha denominado como Derecho Internacional de los Derechos Humanos (DIDH) (OACNUDH, b).

Defensoría de los DH

Por otra parte, ante la necesidad de velar por los intereses de la ciudadanía frente a los abusos de las autoridades, ha sido relevante la creación de defensorías de los derechos humanos, las que han seguido como patrón un sistema conocido como *Ombudsman*, el que se analizará más adelante.

Cabe señalar que dentro de la trascendente labor de protección y defensa de los derechos humanos en el ámbito internacional, destaca también la realizada por las organizaciones de la sociedad civil (OSC).

4.1 Principales instrumentos de defensa y protección de derechos humanos

En el presente apartado se analizan los sistemas internacional y regionales, así como los principales instrumentos de defensa y protección de los derechos humanos en cada uno de ellos. Por otra parte, se presenta la historia, características y funcionamiento del sistema

Ombudsman, y se aborda el trabajo que realizan algunas OSC para la defensa de los derechos humanos a nivel internacional.

4.1.1 El sistema internacional de protección de los derechos humanos

Convención de Ginebra

Los primeros antecedentes en torno a la integración de un sistema jurídico internacional de protección de las personas los encontramos en la definición del Derecho Internacional Humanitario (DIH), concebido en el siglo XIX y cuyo antecedente más claro podemos encontrarlo en la Convención de Ginebra, celebrada en 1846. Este acuerdo internacional establecía derechos para ciertas personas en tiempo de guerra, al delimitar el trato de prisioneros y heridos de guerra, así como asegurar la protección del personal médico y de los hospitales y proteger, además, a las víctimas de los conflictos armados.

Convenio sobre la Esclavitud

En este orden de ideas, también cabe señalar el Convenio sobre la Esclavitud, firmado el 25 de septiembre de 1926, y que entró en vigor el 9 de marzo de 1972; en él se hacía un llamado a los Estados parte a prevenir y reprimir la esclavitud y, de manera progresiva, suprimirla en todas sus formas.

Convenio sobre el Trabajo Forzoso

Otro precedente fue el Convenio sobre el Trabajo Forzoso, adoptado en junio de 1930 en el marco de la Conferencia General de la Organización Internacional del Trabajo (OIT). En esa conferencia, los Estados parte de la OIT ratificaron este instrumento y se comprometieron a suprimir lo más pronto posible la existencia del trabajo forzoso u obligatorio en todas sus formas.

Creación de la ONU

Sin embargo, como ya se ha señalado, fue hasta el final de la segunda Guerra Mundial y como resultado del horror y la reprobación mundial que generaron la barbarie y el genocidio cometidos en contra de muchas poblaciones en Europa y Asia, que se tomó real conciencia de la necesidad de hacer algo, a nivel internacional, para evitar que volvieran a ocurrir hechos similares y para controlar el poder estatal. Fue en ese contexto que el 26 de junio de 1945 se firmó en San Francisco, California, la Carta de las Naciones Unidas, documento mediante el cual se constituyó la Organización de las Naciones Unidas (ONU), que es el organismo clave del sistema universal de protección a los derechos humanos, y que entró en vigor oficialmente el 24 de octubre de ese mismo año.

La Declaración Universal de los Derechos Humanos (DUDH), principal documento de la ONU y base jurídica en materia de derechos humanos, fue aprobada y proclamada el 10 de diciembre de 1948 por la Asamblea General de las Naciones Unidas, la cual establece en sus

30 artículos los derechos civiles y políticos, así como los derechos económicos, sociales y culturales, de que son titulares todas las personas, sin importar su raza, color, sexo, idioma, religión, opinión política o de cualquier otra índole, origen nacional o social, posición económica, nacimiento o cualquier otra condición.

La DUHD establece que la libertad, la justicia y la paz tienen por base la dignidad intrínseca y los derechos iguales e inalienables de todos los seres humanos. Proclama como ideal común el reconocimiento y la aplicación de los derechos humanos mediante la enseñanza y la educación para su aplicación universal y efectiva.

Aceptación de la DUDH

A pesar de que este instrumento no tiene la naturaleza de un tratado o de una convención por no ser obligatorio legalmente para los Estados, ha adquirido aceptación universal y una gran fuerza moral, constituyéndose en la base jurídica y en la fuente de un complejo sistema de protección internacional de los derechos humanos.

Como sostiene Pedro Nikken (1997), con la proclamación de la Declaración Universal de los Derechos Humanos, el avance en el desarrollo de un régimen internacional de protección imponía la adopción y puesta en vigor de tratados internacionales, a través de los cuales las partes se obligarán a respetar los derechos en ellos proclamados y que establecieran, al mismo tiempo, medios internacionales para su tutela en caso de incumplimiento.

De esta manera, la ONU ha sido fuente de diversos instrumentos de defensa y protección de los derechos humanos; sin embargo, por servir de base a la codificación del Derecho Internacional de los Derechos Humanos y a manera de ejemplo, son trascendentales el Pacto Internacional de Derechos Civiles y Políticos (PIDCP) y sus dos protocolos facultativos —el Protocolo Facultativo del Pacto Internacional de Derechos Civiles y Políticos, del 16 diciembre de 1966, que faculta al Comité de Derechos Humanos para recibir y considerar comunicaciones de individuos que aleguen ser víctimas de violaciones de cualquiera de los derechos enunciados en el Pacto—, y el Segundo Protocolo Facultativo del Pacto, del 15 de diciembre de 1989 —destinado a abolir la pena de muerte—, así como el Pacto Internacional de Derechos Económicos, Sociales y Culturales (PIDESC), los que junto con la DUDH conforman la llamada Carta Internacional de Derechos Humanos.

Estos pactos fueron adoptados en el seno de las Naciones Unidas el 16 de diciembre de 1966 y abiertos a la firma de los Estado miembros de la ONU.

Pacto Internacional de Derechos Civiles y Políticos

El PIDCP entró en vigor el 23 de marzo de 1976 y se compone de 53 artículos. Además, establece la creación y regulación de un Comité de Derechos Humanos, encargado de supervisar la aplicación de las disposiciones del Pacto.

El derecho a la vida, a la libertad de circulación, a la igualdad ante la ley, a la no discriminación, a la presunción de inocencia y a un juicio imparcial, a la libertad de pensamiento, conciencia, religión y opinión, a la libertad de asociación y al reconocimiento de la personalidad jurídica son algunos derechos reconocidos en el PIDCP.

También establece algunas prohibiciones, tales como ser sometido a torturas, a penas o tratos crueles, inhumanos o degradantes; a la esclavitud o trabajos forzosos u obligatorios y a ser juzgado o sancionado por un delito por el cual haya sido ya condenado o absuelto por una sentencia firme.

Pacto Internacional de Derechos Económicos Sociales y Culturales

El PIDESC se integra por 31 artículos y entró en vigor el 3 de enero de 1976. Los Estados parte de este instrumento presentan anualmente un informe al Comité de Derechos Económicos, Sociales y Culturales, que depende del Consejo Económico y Social y está integrado por 18 expertos que tienen como finalidad hacer que se aplique el Pacto y dar recomendaciones al respecto.

Los derechos humanos que trata de promover el PIDESC son de tres tipos:

- El derecho al trabajo en condiciones justas y favorables.
- El derecho a la seguridad social, a un nivel de vida adecuado y a los niveles más altos posibles de bienestar físico y mental.
- El derecho a la educación y el disfrute de los beneficios de la libertad cultural y el progreso científico.

Debido a que estos derechos no pueden cumplirse de manera inmediata, se contempla su satisfacción progresiva; para ello, los Estados parte deben adoptar medidas, tanto internas —legislativas, judiciales, administrativas, económicas y sociales— como de cooperación internacional, hasta el máximo de los recursos de que dispongan para su cumplimiento. Esto implica que la escasez de recursos no exime del cumplimiento de las obligaciones esenciales y tampoco, una vez cumplidas, deben tomarse medidas regresivas.

Instrumentos para la protección de los derechos de las personas

Hasta nuestros días existen diversos instrumentos surgidos en el seno de la ONU vinculados con los derechos de las personas, tales como la Convención sobre la Eliminación de Todas las Formas de Discriminación contra la Mujer y su protocolo facultativo; la Convención sobre los Derechos del Niño y sus protocolos facultativos; la Convención contra la Tortura y otros Tratos o Penas Crueles, Inhumanos o Degradantes, entre otros.

Centro de Derechos Humanos

En lo que respecta a los órganos que integran el sistema universal, en la ONU existe un programa de derechos humanos que comenzó como una pequeña división ubicada en la sede principal de Naciones Unidas, en la década de los cuarenta. Más tarde, en los sesenta, la división se trasladó a Ginebra y se convirtió en el Centro de Derechos Humanos.

Oficina del Alto Comisionado

En la Conferencia Mundial de Derechos Humanos de 1993 —cuya finalidad era que los Estados elaboraran un plan común para fortalecer la labor en pro de los derechos humanos en todo el mundo—, la comunidad internacional decidió establecer un mandato de derechos humanos más sólido y con mayor apoyo institucional, por lo cual en ese año se creó la Oficina del Alto Comisionado para los Derechos Humanos (OACNUDH), que ofrece asesoramiento y apoyo a los diversos mecanismos de supervisión de derechos humanos que se han ido conformando en el Sistema de las Naciones Unidas.

Dichos mecanismos de supervisión incluyen: los órganos basados en la Carta de la ONU y los órganos creados en virtud de tratados internacionales de derechos humanos. Actualmente, hay nueve tratados internacionales de derechos humanos y un protocolo facultativo, para los que se han creado 10 órganos de tratados (OACNUDH, a).

Órganos de Tratados

- Comité de Derechos Humanos (CCPR, por sus siglas en inglés).
- Comité de Derechos Económicos, Sociales y Culturales (CESCR, por sus siglas en inglés).
- Comité para la Eliminación de la Discriminación Racial (CERD, por sus siglas en inglés).
- Comité para la Eliminación de la Discriminación contra la Mujer (CEDAW, por sus siglas en inglés).
- Comité contra la Tortura (CAT, por sus siglas en inglés).
- Comité de los Derechos del Niño (CRC, por sus siglas en inglés).
- Comité de Protección de los Derechos de todos los Trabajadores Migratorios y de sus Familiares (CMW, por sus siglas en inglés).
- Subcomité para la Prevención de la Tortura y otros Tratos o Penas Crueles, Inhumanos o Degradantes (SPT), establecido con base en las disposiciones del Protocolo Facultativo de la Convención contra la Tortura y otros tratos o penas crueles, inhumanos o degradantes.
- Comité de los Derechos de las Personas con Discapacidad (CRPD, por sus siglas en inglés).
- Comité contra las Desapariciones Forzadas (CED, por sus siglas en inglés).

Los órganos de tratados se componen de expertos independientes de reconocida competencia en materia de derechos humanos, que los Estados postulan y eligen para mandatos fijos de cuatro años, que pueden renovarse.

En relación con nuestro país, con base en el artículo 133 de la *Constitución Política de los Estados Unidos Mexicanos,* todos los tratados celebrados por el presidente de la República y ratificados por el Senado de la República, serán Ley Suprema de toda la Unión, de tal forma que el Estado mexicano está obligado a cumplirlos plenamente.

4.1.2 El Sistema Interamericano de Protección de los Derechos Humanos

Al igual que ocurrió con el sistema universal de protección a los derechos humanos, después de la segunda Guerra Mundial surgió en América la preocupación por construir mecanismos para el reconocimiento y protección de los derechos de las personas.

Conferencia de Chapultepec

La primera referencia o iniciativa que surgió en el continente americano para la adopción de un instrumento de salvaguarda a los derechos fundamentales —la Declaración Americana de los Derechos y Deberes del Hombre antes referida— fue propuesta por México en la Conferencia Interamericana sobre Problemas de la Guerra y la Paz, de marzo de 1945, la cual también es conocida como Conferencia de Chapultepec.

Dicha conferencia, en su Resolución XL, proclamó la adhesión de las repúblicas americanas a los principios consagrados en el derecho internacional para la salvaguarda de los derechos esenciales del hombre, pronunciándose, de manera precursora, por un sistema de protección internacional de estos derechos.

Sin embargo, como ya se ha referido, fue hasta 1948 cuando se aprobó esta Declaración en la Novena Conferencia Internacional Americana, en Bogotá, Colombia, que constó de 38 artículos. Este instrumento fue trascendental para el establecimiento y desarrollo de un Sistema Interamericano de Protección de los Derechos Humanos (SIDH).

Posteriormente, una de las resoluciones más importantes de la Quinta Reunión de Consulta de Ministros de Relaciones Exteriores —ocurrida en Santiago, Chile, en 1959— fue la referente a los derechos humanos, y en la que se estableció que, dados los progresos en dicha materia, después de 11 años de proclamada la Declaración Americana y los avances experimentados en las Naciones Unidas, era propicio que en el Hemisferio se celebrara una convención. Cabe señalar que en esta misma reunión también se creó la Comisión Interamericana de Derechos Humanos (CIDH).

Pacto de San José

La estructura institucional del SIDH se basó en documentos de naturaleza declarativa, hasta que en el seno de la OEA, el 22 de noviembre de 1969, se firmó en San José, Costa Rica, la Convención Americana sobre Derechos Humanos, también conocida como "Pacto de San José", que entró en vigor el 18 de julio de 1978.

La Convención está integrada por 82 artículos y cuenta con un amplio catálogo de derechos civiles y políticos, tales como el reconocimiento a la personalidad jurídica del individuo, el derecho a la vida, la prohibición de la tortura, la libertad de conciencia y de religión, el respeto de la vida privada y familiar, la inviolabilidad del domicilio y la protección contra la honra y reputación, el derecho de reunión y asociación, a la propiedad privada, a votar y participar en la conducción de asuntos públicos y de acceder a las funciones públicas, a la libertad y seguridad personal, entre otros.

Protocolo de San Salvador

En relación con los derechos económicos, sociales y culturales, la Convención sólo hace una referencia en su artículo 26. Sin embargo, el 17 de noviembre de 1988 se adoptó el Protocolo adicional a la Convención Americana sobre Derechos Humanos en materia de derechos económicos, sociales y culturales, también conocido como "Protocolo de San Salvador", mediante el que los Estados parte del mismo se comprometen a adoptar las medidas necesarias tanto de orden interno como la cooperación entre los Estados, especialmente económica y técnica, hasta el máximo de los recursos disponibles y tomando en cuenta su grado de desarrollo, a fin de lograr progresivamente la plena efectividad de los derechos que se reconocen en el presente Protocolo.

Corte Interamericana de DH

Con el fin de controlar o supervisar el cumplimiento de los compromisos contraídos por los Estados parte, tanto en la Convención como en su Protocolo adicional, la Convención instrumentó, como ya se dijo, la creación de la CIDH en 1959 y de la Corte Interamericana de Derechos Humanos (CorteIDH), instalada en 1979, cuya organización, funcionamiento, competencia y procedimiento se contemplan de los artículos 33 al 73. De esta manera la CIDH y la CorteIDH integran el SIDH.

Los Estados que han ratificado la Convención Americana son: Argentina, Barbados, Bolivia, Brasil, Chile, Colombia, Costa Rica, Dominica, Ecuador, El Salvador, Granada, Guatemala, Haití, Honduras, Jamaica, México, Nicaragua, Panamá, Paraguay, Perú, República Dominicana, Surinam y Uruguay.

Cabe señalar que el Instituto Interamericano de Derechos Humanos (IIDH), considerado también parte del SIDH, constituye una institución internacional autónoma de carácter académico, que fue creada en 1980 en virtud de un convenio entre la CORTEIDH y la República de Costa Rica. Este Instituto es un órgano auxiliar del sistema interamericano de protección de los derechos humanos cuya naturaleza académica le impide conocer los casos de violaciones a los derechos humanos, así como también le imposibilita realizar o respaldar las denuncias formales en contra de algún Estado y pronunciarse sobre el grado de cumplimiento de sus obligaciones internacionales en esta área (Corteidh, 2020).

A pesar de los desafíos que a través del tiempo ha tenido que superar el sidh, hoy por hoy es un referente alrededor del mundo. Las características y funciones de sus dos órganos son las siguientes:

La Comisión Interamericana de Derechos Humanos

Con base en el artículo 106 de la Carta de la Organización, la Comisión Interamericana de Derechos Humanos es un órgano principal y autónomo de la oea que tiene su sede en Washington, D. C. Su función principal es promover la observancia y defensa de los derechos humanos en las Américas.

Miembros de la cidh

Con base en la Convención Americana sobre Derechos Humanos, la cidh se compone de siete miembros —denominados comisionadas o comisionados—, quienes deben ser personas de alta autoridad moral y reconocida competencia en materia de derechos humanos; son elegidos cada cuatro años a título personal (no en representación de sus países de origen), por la Asamblea General de la oea y sólo pueden ser reelegidos una vez. Desde 1990, las comisionadas y los comisionados de la cidh también ocupan el cargo de relatoras y relatores temáticos. Las relatorías tienen la función de brindar atención a ciertos grupos, comunidades y pueblos que se encuentran especialmente expuestos a violaciones de derechos humanos por su situación de vulnerabilidad y por la discriminación histórica que han sido objeto. En la actualidad existen 13 relatorías, entre las que se encuentran las relativas a los indígenas, mujeres, migrantes, defensoras y defensores de derechos humanos, afrodescendientes, personas con discapacidad, personas mayores, entre otros.

La cidh tiene mandato sobre todos los Estados que forman parte de la oea, o de aquellos que formaron parte y no usaron la vía establecida en el derecho internacional para denunciar (se puede entender como desconocer y/o renunciar) los instrumentos internacionales pertinentes.

Acciones de la cidh

Realiza su trabajo con base en tres pilares: el primero es el sistema de petición individual, el segundo es el monitoreo de la situación de los derechos humanos en los Estados miembros de la oea, y el tercero es la atención a líneas temáticas prioritarias.

Peticiones ante la cidh

El procedimiento para hacer una petición ante la cidh consta de tres fases: *a)* la presentación de la petición —se comunica a la

Comisión los hechos y la razón por la cual está siendo llevada ante ella—; *b)* la admisibilidad del caso procede si reúne los requisitos necesarios y si tiene jurisdicción para decidirlo, y *c)* la etapa de fondo, en la que se define la responsabilidad de un Estado en las violaciones alegadas y cómo se procede. Es en esta última etapa donde la CIDH decide si hay o no una violación a los derechos humanos con base en los instrumentos interamericanos aceptados por el país denunciado. Si establece una o más violaciones, prepara un informe con las proposiciones y recomendaciones que juzgue pertinentes y lo transmite al Estado en cuestión. Estos informes son fuente vital de jurisprudencia y estándares interamericanos y, en su caso, etapa última para los casos de países que no reconocen la competencia de la CorteIDH.

También solicita a los Estados parte que adopten medidas cautelares de conformidad con lo dispuesto en el artículo 25 de su Reglamento, para prevenir daños irreparables a las personas o al objeto de una petición ante la CIDH en casos graves y urgentes. Asimismo, de conformidad con lo dispuesto en el Artículo 63.2 de la Convención Americana, puede solicitar que la CorteIDH disponga la adopción de medidas provisionales en casos de extrema gravedad y urgencia para evitar daños irreparables a las personas, aunque el caso aún no haya sido presentado ante la Corte.

Observaciones y visitas de la CIDH

Otra de sus funciones son las de observar la vigencia general de los derechos humanos en los Estados parte, para lo cual puede realizar visitas *in loco* para profundizar la observación general o investigación de una situación en particular. Los resultados de dichas visitas pueden derivar en la publicación de un informe sobre la situación de los derechos humanos que sea observada.

Recibe y examina comunicaciones en las que un Estado parte alegue que otro Estado parte ha incurrido en violaciones de los derechos humanos reconocidos en la Convención Americana, de conformidad con el artículo 45 de dicho instrumento.

Informes de la CIDH

También busca estimular la conciencia de los derechos humanos en los países de América, para lo cual realiza y publica estudios sobre temas específicos —informes temáticos—, realiza y participa en conferencias y reuniones de distinto tipo con representantes de gobiernos, académicos, grupos no gubernamentales, entre otros, a fin de difundir y analizar temas relacionados con el SIDH.

Además de ser la puerta de entrada para someter casos a la jurisdicción de la Corte IDH, la Comisión podrá solicitarle "opiniones consultivas" sobre aspectos de interpretación de la Convención Americana. Igualmente, podrá celebrar audiencias por iniciativa propia o a solicitud de parte interesada, con el objeto de recibir información relacionada con alguna petición, caso en trámite ante la CIDH, seguimiento de recomendaciones, medidas cautelares, o información de carácter general o particular relacionada con los derechos humanos en uno o más Estados miembros de la OEA.

Finalmente, señalar que para el cumplimiento de sus funciones, la CIDH cuenta con el apoyo legal y administrativo de una Secretaría ejecutiva.

La Corte Interamericana de Derechos Humanos

Origen de la CorteIDH

En el marco de la Novena Conferencia Internacional Americana (Bogotá, Colombia, 1948) se adoptó la Resolución XXXI denominada "Corte Interamericana para proteger los Derechos del Hombre", en la que se consideró que la protección de esos derechos debía ser garantizada por un órgano jurídico. La Quinta Reunión de Consulta de Ministros de Relaciones Exteriores (1959), que como ya se refirió creó la CIDH, en la parte primera de la resolución sobre Derechos Humanos, encomendó al Consejo Interamericano de Jurisconsultos la elaboración de un proyecto sobre la creación de una Corte Interamericana de los Derechos Humanos y otros órganos adecuados para la tutela y observancia de tales derechos. Después, mediante la Convención Americana sobre Derechos Humanos se creó la CorteIDH en 1969; sin embargo, el tribunal estableció dicho tratado hasta su entrada en vigor. Los Estados parte en la Convención Americana eligieron a los primeros siete jueces durante el séptimo periodo extraordinario de sesiones de la Asamblea General de la OEA en 1979 (CIDH, a).

Con base en el artículo 1° de su estatuto, la CORTEIDH es un órgano judicial autónomo de la OEA con sede en San José, Costa Rica. Su objetivo es la aplicación e interpretación de la Convención Americana sobre Derechos Humanos y de otros tratados concernientes al mismo asunto, además de poseer una función consultiva.

De esta manera, la CorteIDH conoce de asuntos contenciosos relacionados con los Estados parte de la Convención que hayan reconocido su competencia y también tiene atribuciones consultivas. Está formada por siete juristas de los Estados parte de la OEA, de la más alta autoridad moral y de reconocida competencia en materia de derechos humanos.

Jueces de la CorteIDH

Para ser juez, las candidatas y los candidatos deben reunir las condiciones exigidas para los más altos cargos judiciales del país respectivo; por ejemplo, en el caso de México, deben satisfacerse los requisitos previstos para la designación de los ministros de la Suprema Corte de Justicia de la Nación.

Son electos en votación secreta para un periodo de siete años, aunque cabe la reelección hasta por un periodo, por los Estados parte de la Convención Americana, cuando se reúnen en la Asamblea General de la Organización de los Estados Americanos. Como ya se mencionó, la CorteIDH tiene funciones contenciosas y para deliberar y adoptar resoluciones debe actuar en el pleno de sus siete componentes. Una vez agotado el procedimiento ante las instancias internas, se abre la vía internacional. Para esto es relevante satisfacer las condiciones de admisibilidad de un asunto. La queja, denuncia, reclamación o petición que inicia el procedimiento internacional, originariamente ante la CIDH, puede presentarse por cualquier persona. La legitimación que a este respecto otorga la Convención es muy amplia, pues alude a personas, grupos de personas o entidades no gubernamentales legalmente reconocidas en alguno de los Estados miembros de la OEA.

Formulación de demandas

Cabe señalar que la legitimación para formular demandas contra Estados que han aceptado la competencia contenciosa de la CorteIDH reside en cualquier Estado que también la hubiera admitido; o bien, en la CIDH, que comparece a título de actor ante la CorteIDH. En ella el demandado es el Estado al que se atribuye responsabilidad internacional en virtud de que alguno de sus agentes o un tercero, que actúa en forma tal que su conducta es imputable al Estado, ha incurrido en violación del tratado internacional en el que se funda la competencia de la CorteIDH.

Procedimiento ante la CorteIDH

La presentación de un caso ante la CorteIDH marca el inicio de un procedimiento ante este órgano. Tiene tres etapas: *a)* excepciones preliminares, donde el Estado interpone las cuestiones de forma por las que considera que el caso no puede ser admitido; *b)* fondo, se tratan las supuestas violaciones a la Convención o a cualquier otro instrumento sobre el que la CorteIDH tenga competencia, y *c)* reparaciones, en esta etapa se discuten las indemnizaciones que el Estado debe pagar a las víctimas o a sus familiares, además de otras medidas que permitan la reparación integral del caso.

En términos generales, se busca resolver sobre la existencia de violaciones a la Convención u otros tratados interpretables y aplicables por la CorteIDH. Tras la decisión correspondiente a la existencia de violaciones, la CorteIDH debe establecer las consecuencias jurídicas a cargo del Estado que incurrió en violaciones: consecuencias que se concretan en reparaciones de diverso carácter.

Con base en el artículo 78 de la Convención Americana sobre Derechos Humanos, los Estados parte podrán denunciar este instrumento, mediante un pre-aviso de un año, notificando al Secretario General de la OEA, quien, a su vez, deberá dar aviso a los demás Estados parte. No obstante, dicha denuncia no desliga al Estado parte interesado de las obligaciones contenidas en la Convención en lo que concierne a todo hecho que, pudiendo constituir una violación de esas obligaciones, haya sido cumplido por él anteriormente a la fecha en la cual la denuncia produce efecto.

Esto se traduce en que las violaciones a derechos humanos ocurridas después de denunciada la Convención por un Estado parte, no podrán ser conocidas por la CorteIDH, lo que va en detrimento de los derechos de las personas que habitan dicho Estado parte al perder una instancia de protección a los derechos humanos. No obstante, mientras el Estado que hizo la denuncia sea parte de la OEA, seguirá sujeto a la jurisdicción de la CIDH y a las obligaciones que le imponen la Carta de la OEA y la Declaración Americana de los Derechos y Deberes del Hombre. La jurisprudencia y práctica del SIDH han reconocido que la Declaración Americana es fuente de obligaciones legales para los Estados miembros de la OEA, incluidos, en particular, los que no son parte de la Convención Americana (CIDH, b).

El 10 septiembre de 2012 el Secretario General de la OEA recibió la nota formal de denuncia del gobierno de Venezuela, misma que surtió efecto a partir del 10 de septiembre de 2013. Trinidad y Tobago también presentó el 26 de mayo de 1998 una denuncia ante el Secretario General de la OEA, la que surtió efecto a partir del 28 de mayo de 1999.

Por otra parte, con base en el artículo 62 de la Convención Americana sobre Derechos Humanos, los Estados parte pueden, en el momento del depósito de su instrumento de ratificación o adhesión, o en cualquier momento posterior, declarar que reconocen la competencia de la Corte sobre todos los casos relativos a la interpretación o aplicación de la Convención.

A la fecha, son veinte los Estados que han reconocido la competencia contenciosa de la Corte, a saber: Argentina, Barbados, Bolivia, Brasil, Chile, Colombia, Costa Rica, Ecuador, El Salvador, Guatemala, Haití, Honduras, México, Nicaragua, Panamá, Paraguay, Perú, República Dominicana, Surinam y Uruguay (CORTEIDH, 2020).

Tratados interamericanos de DH

Algunos tratados interamericanos de protección a los derechos humanos que se han desarrollado y adoptado a la fecha en el marco de la OEA son: la Convención Interamericana para Prevenir y Sancionar la Tortura; Convención Americana en Materia de Derechos Económicos, Sociales y Culturales; Convención Interamericana para Prevenir, Sancionar y Erradicar la Violencia contra la Mujer (Convención de *Belem do Pará*); Convención Interamericana sobre Desaparición Forzada de Personas; Convención Interamericana para la Eliminación de todas las Formas de Discriminación contra las Personas con Discapacidad; Convención Interamericana contra el Racismo, la Discriminación Racial y Formas Conexas de Intolerancia; Convención Interamericana contra toda Forma de Discriminación e Intolerancia; Convención Interamericana sobre la Protección de los Derechos Humanos de las Personas Mayores; Declaración Americana sobre los Derechos de los Pueblos Indígenas, y la Declaración de Principios sobre la Libertad de Expresión.

Con base en la reforma constitucional del 2011 en materia de derechos humanos, todos los instrumentos firmados y ratificados por México son parte de nuestro derecho interno.

4.1.3 Otros sistemas regionales

Europa

Consejo de Europa

Después de los estragos y efectos devastadores de la segunda Guerra Mundial, los países europeos decidieron realizar esfuerzos conjuntos para mantener la paz, la cooperación y un nuevo orden. De esta manera, en 1949 se constituyó el Consejo de Europa, convirtiéndose en la más antigua de las instituciones europeas de derechos humanos.

Posteriormente, el Consejo se dio a la tarea de elaborar el Convenio Europeo para la Protección de los Derechos Humanos y las Libertades Fundamentales, el cual se firmó en 1950, dos años después de que se adoptó y proclamó la Declaración Universal de los Derechos Humanos, y que entró en vigor en 1953.

En dicho instrumento se estableció la obligación de los Estados miembros de respetar los derechos humanos. Entre los derechos y libertades establecidas en él se encuentran: el derecho a la vida, a la libertad y a la seguridad, a un proceso equitativo y a la no pena sin ley, al respeto de la vida privada y familiar, a la libertad de pensamiento, conciencia y religión, a la libertad de expresión, a la libertad de reunión y asociación, y la libertad a un recurso efectivo, es decir, a la posibilidad de que las víctimas hagan valer sus derechos con el fin de lograr que su opresor sea juzgado y obtener una reparación del daño. Asimismo, el Convenio prohíbe la tortura, la esclavitud y el trabajo forzado, la discriminación, el abuso de derecho y limita la aplicación de las restricciones de derechos.

Convenio Europeo

Carta Social Europea

El Convenio Europeo, junto con sus protocolos adicionales, constituyen un tratado general de derechos civiles y políticos. Los derechos sociales, económicos y culturales están consagrados en la Carta Social Europea (1961-1965) mientras que sus protocolos adicionales y revisiones lo están en la Carta Social Europea Revisada, 1996-1999.

En estos protocolos, hay una serie de documentos e instrumentos valiosos; sin embargo, dentro de este sistema resulta relevante el

Acceso al Tribunal Europeo

Protocolo 11, que está en vigor desde el 1 de noviembre de 1998, y a través del cual se sientan importantes precedentes. Por ejemplo, la controvertida decisión de suprimir la Comisión Europea de Derechos Humanos y otorgar a las personas, a los organismos no gubernamentales, o los grupos de personas que afirmen ser víctimas de una violación de los derechos humanos garantizados en el Convenio y sus protocolos el acceso directo a la jurisdicción internacional, una vez agotadas todas las vías internas de recurso disponibles, es decir, la posibilidad de acceso directo y prácticamente universal al Tribunal Europeo de Derechos Humanos, cuya sede se encuentra en Estrasburgo, Francia.

En caso de que se haya cometido una violación, existe la posibilidad de que el Tribunal otorgue reparación a la parte afectada; sus decisiones son finales y jurídicamente obligatorias para los Estados parte. La aplicación del Convenio es supervisada por el Comité de Ministros, órgano político supremo del Consejo de Europa.

Otros instrumentos europeos

Otros instrumentos dentro del sistema europeo vinculado con los derechos humano son: el Convenio Europeo relativo al Estatuto del Trabajador Migrante (1977-1983); el Convenio Europeo para la Prevención de la Tortura y de las Penas o Tratos Inhumanos o Degradantes (1987-1989); la Carta Europea de las Lenguas Regionales o Minoritarias (1992-1998); el Convenio Europeo sobre el Ejercicio de los Derechos del Niño (1996-2000), entre otros.

Por otra parte, la Unión Europea (UE), con base en el Tratado de la Unión Europea (TUE), tiene como valores fundamentales la dignidad humana, la libertad, la democracia, la igualdad, el Estado de derecho, el respeto de los derechos humanos y el desarrollo del derecho internacional. La Carta de los Derechos Fundamentales de ese territorio recoge todos los derechos individuales, civiles, políticos, económicos y sociales que disfrutan todas las personas en la Unión Europea. Asimismo, la Agencia de los Derechos Fundamentales de la Unión Europea es el órgano independiente de la UE especializado en este sector y su mandato abarca todo el ámbito de los derechos contemplados en la Carta (Parlamento Europeo).

Carta de los Derechos Fundamentales de la UE

La Carta fue formalmente proclamada en Niza en diciembre del 2000 por el Parlamento Europeo, la Comisión Europea y el Consejo Europeo. Es un documento que establece los derechos y libertades fundamentales reconocidos por la UE; sin embargo, el Parlamento defendía que la UE debía dotarse de una declaración de derechos propia y vinculante, objetivo que se logró en el 2009 al entrar en vigor el Tratado de Lisboa, y ahora tiene la misma validez jurídica que los tratados de la UE.

África

Carta Africana de DH

El sistema regional africano es el más reciente de los sistemas regionales de derechos humanos. A penas el 27 julio de 1981 la Asamblea de Jefes de Estado y de Gobierno de la entonces Organización de la Unidad Africana —desde 2001 Unión Africana—, aprobó la Carta Africana de Derechos Humanos y de los Pueblos, que entró en vigor en 1986, mediante la cual los Estados africanos se comprometieron regionalmente a protegerlos.

Aunque la Carta es similar a otros tratados regionales de derechos humanos, Yuria Saavedra Álvarez (2018) apunta que:

> Su historia no puede ser trazada en el mismo contexto que el de aquéllos. La situación especial de dependencia económica y política, y los problemas endémicos al subdesarrollo de ese continente se refleja claramente en el tipo de derechos garantizados y en los mecanismos de protección previstos para ese efecto.

Así, la Carta se caracteriza por la recíproca relación entre el individuo y la comunidad, vinculando los derechos individuales con los derechos colectivos. En cuanto a los derechos que se reconocen en la Carta, podríamos destacar el derecho de los pueblos al desarrollo, lo que da cuenta de las prioridades que el continente tiene en el ámbito de los derechos humanos. A diferencia del SIDH y del Convenio Europeo, la Carta Africana es un instrumento que contiene las tres generaciones de derechos. También es novedosa por establecer un catálogo de deberes para los individuos —capítulo II, artículo 27— frente a la familia, el Estado, las comunidades legalmente reconocidas y la comunidad internacional, lo que la convierte en el primer instrumento regional obligatorio.

Comisión Africana de DH

Los principales mecanismos son la Comisión Africana de Derechos Humanos y de los Pueblos y la Corte Africana de Derechos Humanos y de los Pueblos. La Comisión Africana de Derechos Humanos fue establecida el 21 de octubre de 1986 y está ubicada en Banjul, Gambia. Su mandato está contemplado en la Carta Africana y se compone por once expertos independientes, por lo que es el principal órgano de promoción y protección de los derechos humanos en el sistema africano. Por ello, cuenta con diversos mecanismos especiales integrados por seis relatores especiales y once grupos de trabajo, comités o grupos de estudio que supervisan e investigan las cuestiones de derechos humanos de la Comisión (Universal Rights Group).

La Comisión tiene como principales funciones promover los derechos humanos, recopilar documentos, emprender estudios y hacer investigaciones sobre los problemas africanos en materia de derechos humanos y de los pueblos, organizar seminarios, simposios y conferencias, difundir información, alentar a las instituciones nacionales y locales interesadas en los derechos humanos y de los pueblos y, en su caso, dar sus opiniones o hacer recomendaciones a los gobiernos.

Corte Africana de DH y de los Pueblos

El 25 de enero de 2004 se creó la Corte Africana de Derechos Humanos y de los Pueblos, órgano judicial que vendría a complementar el trabajo de la Comisión al entrar en vigor el Protocolo Facultativo de la Carta Africana adoptado en 1998, en el que se establecía la creación de un Tribunal Africano de Derechos Humanos y de los Pueblos. Este órgano tiene facultades para dictar sentencias y atribuir responsabilidades a los Estados por violaciones a los derechos humanos.

Además de la Carta Africana, se ha adoptado la Convención que regula los aspectos propios de los problemas de los refugiados en África (1969-1974), así como la Convención sobre los Derechos y el Bienestar del Niño Africano (1990-1999).

4.2 El sistema *Ombudsman* (*Ombudsperson*)

El concepto de *Ombudsman* surgió en Suecia y carece de traducción a otro idioma; en el idioma sueco significa "hombre (persona) que da trámite" o "comisionado o representante".

Origen del *Ombudsman*

Esta figura fue resultado de un proceso histórico que se originó durante la época de la monarquía absoluta. En el siglo XVIII, el rey Carlos XVII, monarca de Suecia, encomendó a uno de sus colaboradores —*Ombudsman*— la función de supervisar la legalidad de los actos de la creciente administración pública, denunciar abusos de poder en los lugares más remotos del reino, hacer propuestas para sancionar a servidores públicos y mejorar el funcionamiento general del servicio civil.

Más tarde, en 1809, la Constitución sueca reguló este órgano. Sus funciones fueron delegadas a un funcionario designado por el Parlamento de Suecia, y consistían en vigilar la actividad de los jueces, funcionarios públicos y oficiales militares.

Actualmente, la figura del *Ombudsperson* sigue vigente en Suecia y es una de las salvaguardas de los derechos fundamentales, su titular es designado por el Parlamento y su función esencial es recibir peticiones de las ciudadanas y los ciudadanos habitantes contra las autoridades administrativas cundo afecten sus derechos e intereses legítimos.

Sus tareas de supervisión abarcan todas las dependencias y organismos gubernamentales, lo mismo en el nivel central que en el local. Las excepciones son sobre todo de índole política: ministros del gabinete, miembros del Parlamento y funcionarios gubernamentales locales elegidos directamente. Asimismo, goza de independencia respecto del gobierno y la administración gubernamental y responde de sus acciones exclusivamente ante el Parlamento.

El *Ombudsman* es una institución que rápidamente fue adoptada en el mundo para satisfacer la necesidad de la comunidad, en donde la administración del Estado interviene, a veces en forma excesiva, por lo que se requiere de instrumentos eficaces dirigidos a la protección de sus derechos fundamentales.

Este modelo fue acogido primero en la Constitución de Finlandia de 1919 después de la primera Guerra Mundial y se expandió por toda Europa y América Latina durante la segunda mitad del siglo xx. De este modo, fue configurándose un modelo universal de protección y defensa de los derechos humanos.

Ombudsman en la península ibérica

En España, la figura del *Ombudsman* se instauró como Defensor del Pueblo, mientras que en Portugal se le conoce como Procurador de Justicia, tras la democratización política de estos países durante los años setenta. Esto influyó de manera determinante para la creación de instituciones similares en varios países de América Latina.

Ombudsman en América Latina

En Latinoamérica, el *Ombudsman* ha mantenido tanto los principios tradicionales del modelo sueco, como los del Defensor del Pueblo, e incluso la mayoría de las legislaciones han tomado la misma denominación ibérica. Por ello, autores como Jorge Madrazo han denominado a esta figura como el "*Ombudsman* criollo".

Las fechas señaladas en el cuadro 2 nos dan cuenta de que la creación y desarrollo de la figura del *Ombudsman* en la región fue principalmente en los años noventa durante la transición a la democracia y la apertura política, es decir, al finalizar el periodo de las dictaduras militares en América Latina. De ahí que, desde entonces, tengan las características propias de la región y sus principales funciones sean las de proteger y promover los derechos humanos.

Ventajas del *Ombudsman*

La figura del *Ombudsman* puede tener varias ventajas frente a otros instrumentos tradicionales de procuración de la justicia, en virtud de su función predominantemente preventiva y la naturaleza de su procedimiento informal, breve y sencillo y, en su caso, su capacidad de emitir recomendaciones no obligatorias, lo que contrasta con el procedimiento ante un juez. La figura del Ombudsman trata de fortalecer, entonces, el funcionamiento de la justicia, pero no de repetir estructuras. Es un mecanismo de alerta temprana ante abusos y ayuda a pasar de los casos a las causas, al atender las reiteradas denuncias, bien por la reiteración del lugar de denuncia, o bien, por la reiteración de actos denuncia de servidores públicos.

Cuadro 2. Año de creación legal de la figura de *Ombudsman* en la región latinoamericana

Creación legal	País	Nombre de la institución
1985	Guatemala	Procurador de los Derechos Humanos
1992	Colombia	Defensor del Pueblo
1992	El Salvador	Procuraduría para la Defensa de los Derechos Humanos
1992	México	Comisión Nacional de los Derechos Humanos
1993	Costa Rica	Defensoría de los Habitantes
1993	Perú	Defensoría del Pueblo
1993	Argentina	Defensor del Pueblo
1993	Brasil	Fiscal Federal de los Derechos de los Ciudadanos
1995	Honduras	Comisionado Nacional de los Derechos Humanos
1995	Paraguay	Defensor del Pueblo
1996	Nicaragua	Procuraduría para la Defensa de los Derechos Humanos
1997	Bolivia	Defensor del Pueblo
1997	Ecuador	Defensor del Pueblo
1997	Panamá	Defensoría del Pueblo
2001	Venezuela	Defensor del Pueblo
2001	República Dominicana	Defensor del Pueblo
2008	Uruguay	Institución Nacional de Derechos Humanos y Defensoría del Pueblo
2009	Chile	Instituto Nacional de Derechos Humanos

Fuente: Elaboración del autor.
Nota: Salvo República Dominicana, no se incluyen países del Caribe, a pesar de que algunos ya cuentan con esta figura.

Finalmente, a la persona encargada de dar trámite se le denomina *Ombudsperson*. Asimismo, hoy en día, esta figura existe al interior de diversas oficinas o dependencias; por ejemplo, tenemos la Oficina del *Ombudsperson* de la Organización de los Estados Americanos, que se encarga de proporcionar asistencia a los integrantes de la comunidad de la Organización para manejar y resolver preocupaciones y conflictos laborales (OEA, b).

Ombudsperson

La denominación *Ombudsperson* también surge como una expresión para no asignar un género al cargo (*man*/hombre). Si bien puede tener algunas discusiones lingüísticas, idiomáticas o de otro tipo, es más bien una expresión que representa una propuesta de enfoque de género y lenguaje incluyente.

4.3 Los Principios de París

En octubre de 1991 el Centro de Derechos Humanos de la ONU organizó una reunión técnica internacional, a fin de examinar y actualizar la información relativa a las instituciones nacionales de derechos humanos (INDH) existentes. Asistieron representantes de INDH de diversos Estados de la ONU, sus organismos especializados, organizaciones intergubernamentales y organizaciones no gubernamentales.

En dicha reunión se intercambiaron puntos de vista sobre las disposiciones vigentes, y los participantes formularon un amplio conjunto de recomendaciones sobre la función y composición, así como sobre el estatuto y las atribuciones de las INDH.

La ONU hizo suyas estas recomendaciones, a través de la Resolución 1992/54, de la Comisión de Derechos Humanos en marzo de 1992 —todavía vigente en esa fecha— y la Asamblea General de la ONU en diciembre de 1993 (Resolución A/RES/48/134).

En términos generales, los Principios de París comprenden los siguientes apartados:

a) Competencias y atribuciones.
b) Composición y garantías de independencia y pluralismo.
c) Modalidades de funcionamiento.
d) Principios complementarios relativos al estatuto de las comisiones dotadas de competencia *cuasi jurisdiccional*.

Instituciones nacionales de DH

De este contenido se desprenden algunos elementos relevantes para las instituciones nacionales de protección y promoción de los derechos humanos, tales como disponer del mandato más amplio posible, claramente enunciado en un texto constitucional o legislativo, que establezca su composición y su ámbito de competencia, promover y asegurar que la legislación, los reglamentos y las prácticas nacionales se armonicen con los instrumentos internacionales de derechos humanos en los que el Estado sea parte y que su aplicación sea efectiva.

También podrán presentar, a título consultivo, al gobierno, al Parlamento y a cualquier otro órgano pertinente, a instancia de las autoridades interesadas o en ejercicio de su facultad de autosumisión, dictámenes, recomendaciones, propuestas e informes sobre todas las cuestiones relativas a la protección y promoción de los derechos humanos.

Asimismo, la composición de la institución nacional y el nombramiento de sus miembros, por vía de elección o de otro modo, deberá ajustarse a un procedimiento que ofrezca todas las garantías necesarias para asegurar la representación pluralista de las fuerzas sociales (de la sociedad civil) interesadas en la promoción y protección de los derechos humanos.

En suma, los Principios de París son el primer *corpus* jurídico que establece el compromiso de la comunidad internacional respecto a la obligación de las instituciones públicas de garantizar un trato justo e igualitario, dentro de un marco de respeto al Estado de derecho, que asegure la vigencia y protección de los derechos y libertades fundamentales. Los Estados se comprometen a que sus instituciones actuarán de manera imparcial y tendrán como objetivo la protección de los derechos humanos, se mantendrán apegadas a derecho, en el estricto ámbito de sus atribuciones, a la vez que desarrollarán prácticas de evaluación, profesionalización, transparencia en su actuar y rendición de cuentas.

De esta manera, los Principios de París vienen a refrendar y fortalecer las funciones de los Organismos Públicos de Derechos Humanos.

4.4 Organizaciones de la sociedad civil de protección y defensa de los derechos humanos en el ámbito internacional

Organizaciones de la Sociedad Civil

Un importante medio para la protección y defensa de los derechos humanos en el ámbito internacional es la labor que llevan a cabo diversas organizaciones de la sociedad civil. Algunas organizaciones que destacan por su labor en materia de derechos humanos son: Amnistía Internacional (AI), Human Rights Watch (HRW) y, regionalmente, el Centro por la Justicia y el Derecho Internacional (CEJIL, por sus siglas inglés), entre otras.

Amnistía Internacional

Origen de AI

Nació en 1961 durante la dictadura militar en Portugal. El abogado y periodista británico Peter Benenson conoció de la detención de dos estudiantes por el simple hecho de brindar por la libertad, entonces escribió en el diario *The Observer* un artículo llamado "Los presos olvidados" en el que hacía un llamado para enviar cartas al gobierno portugués exigiendo la libertad inmediata e incondicional de estos dos prisioneros de conciencia.

Debido al envío masivo de estas misivas provenientes de diversos países, los estudiantes fueron liberados. A partir de este momento surgió Amnistía Internacional (AI), un movimiento en favor de los derechos humanos basado en el activismo. Es una organización independiente de todo gobierno, partido político o credo religioso, que lucha global y localmente para impedir y poner fin a los abusos graves contra los derechos civiles, políticos, sociales, culturales, y económicos.

A más de 50 años de vida, AI ha sido testigo de cómo las acciones de gente común pueden lograr cambios extraordinarios, llevando luz a cárceles clandestinas, sitios en donde se tortura y a cualquier rincón en el que un ser humano sea privado de su dignidad humana. Actualmente es un movimiento con más de 7 millones de personas a nivel mundial, con presencia en aproximadamente 150 países y territorios.

Actividades de AI

Sus activistas presionan a gobiernos, grupos políticos, grupos armados, empresas y organismos intergubernamentales con campañas, mediante protestas callejeras, vigilias, envío de cartas, realización de actos públicos y cualquier otro tipo de actividades creativas, siempre bajo el principio de la no violencia.

Human Rights Watch

Su trabajo inició en 1978 con la creación de su división Helsinki. Actualmente cuenta con un equipo de casi 300 personas en todo el mundo, en cinco divisiones regionales repartidas entre África, América, Asia, el Oriente Medio y Europa. Human Rights Watch (HRW) también cuenta con divisiones de estudios temáticos. Es una organización independiente y no gubernamental financiada mediante contribuciones individuales y de fundaciones privadas provenientes de todo el mundo. No acepta fondos gubernamentales directos o indirectos.

Actividades de HRW

Realiza investigaciones sobre violaciones a los derechos humanos en más de 90 países de todo el mundo. Defiende la libertad de ideas y expresión, el debido proceso y la igualdad ante la ley y promueve el desarrollo de una sociedad civil fuerte. Documenta y denuncia asesinatos, desapariciones, tortura, encarcelamiento arbitrario, discriminación y otras violaciones a los derechos humanos. Su finalidad es prevenir abusos y obligar a los gobiernos a asumir su responsabilidad una vez que estos se han cometido.

También examina las prácticas en materia de derechos humanos de gobiernos de cualquier tendencia política o carácter étnico u orientación religiosa. Recurre al DIH para evaluar la conducta de las partes en conflictos armados de carácter interno o internacional. En 1997 compartió el Premio Nobel de la Paz como miembro fundador de la Campaña para la Prohibición de las Minas Terrestres. En años recientes ha enfocado su metodología de investigación a los derechos económicos, sociales y culturales, particularmente en materia de educación y vivienda.

Centro por la Justicia y el Derecho Internacional

Regionalmente sobresale la labor del Cejil. Se fundó en 1991 por destacados defensores de derechos humanos del continente americano, con el propósito de asegurar un mayor acceso al SIDH para las víctimas de violaciones de derechos humanos. En este sentido, fue la primera organización regional en ofrecer un servicio jurídico gratuito, especializado en el SIDH. Cuando los Estados fallan en la protección de los humanos llevan los casos ante la CIDH y la CORTEIDH, con el fin de que se reparen los daños causados a las víctimas y se lleven a cabo las reformas a las políticas, prácticas o leyes y la prevención de violaciones futuras.

Alcance del Cejil

Es una organización no gubernamental sin fines de lucro con estatus consultivo ante la OEA, la ONU y con calidad de observador ante la Comisión Africana de Derechos Humanos y de los Pueblos. Actualmente no es sólo un referente en la defensa de los derechos humanos, sino también por su presencia y sus actividades en la sociedad civil del continente, a través de foros, capacitaciones, visualización de violaciones de derechos humanos, publicaciones y demás actividades. Trabaja en todo el continente americano y tiene oficinas en Buenos Aires, Argentina, Río de Janeiro, Brasil, San José, Costa Rica y Washington, D.C.

5. Los derechos humanos en México

Dar cuenta del reconocimiento y vigencia de los derechos humanos en nuestro país, así como de su desarrollo institucional en las últimas décadas, implica referirse a más de 70 años de un régimen autoritario cuyo funcionamiento se basó en un sistema conformado por espacios corporativamente diseñados y controlados desde el poder, como fue el caso de la Confederación de Trabajadores de México (CTM), que aglutinaba a trabajadores, campesinos y obreros.

La CTM

Esto, además de traducirse en una forma de *clientelismo* y control político, limitaba la existencia de auténticos espacios públicos para la participación ciudadana y el diálogo entre sociedad y autoridades para la resolución conjunta de los problemas colectivos.

Por ello, el papel de la sociedad civil en la toma de decisiones era limitado y el ejercicio de los derechos humanos reducido y deficiente, además de que se trataba de un tema prácticamente ausente de la agenda pública; sin embargo, poco a poco fueron generándose discusiones sobre los derechos políticos así como distintos temas relacionados que fueron transformando la agenda pública.

5.1 Conquista democrática y derechos humanos

En México ha existido una lucha constante por los derechos humanos, que ha sido impulsada por diversos grupos sociales, con la finalidad de que el Estado los reconozca y garantice. Por ello, la conquista democrática no podría entenderse hoy en día sin la participación de la ciudadanía, misma que se ha constituido como un elemento clave que influye permanentemente en la conformación de las leyes e instituciones de nuestro país.

Así, la democracia mexicana, además de haber propiciado un largo proceso de liberalización política, apertura institucional y reconocimiento de distintos derechos políticos y civiles, también ha promovido una organización social autónoma, así como la formación de nuevos actores y el impulso de espacios que puedan ser ocupados por la ciudadanía.

Si bien hace décadas el papel de las Organizaciones de la Sociedad Civil (OSC) en la toma de decisiones era limitado, también el ejercicio de los derechos humanos era un tema ausente de la agenda pública, constituyéndose en aspiraciones y retos por alcanzar.

Organizaciones de la sociedad civil en México

Así, durante la década de los sesenta emergieron organizaciones sociales que buscaban un espacio para la reivindicación de las necesidades imperantes en la sociedad. Algunos ejemplos de las organizaciones surgidas en esta década son: el Centro Nacional de Comunicación, AC (Cencos), enfocada a la realización de un trabajo en pro de la justicia social, a través de la promoción y búsqueda del respeto a la libertad de expresión y el acceso a la información, la cual se encuentra aún vigente, y el Instituto Mexicano para el Desarrollo Comunitario, AC (IMDEC), que buscó el desarrollo local sustentable al impulsar procesos de educación y de comunicación popular que contribuyeran a formar una ciudadanía autogestiva.

En la década de los setenta, el movimiento de los derechos humanos en el país se centró básicamente en las acciones de resistencia social y en contra de las detenciones arbitrarias, torturas, desapariciones forzadas y ejecuciones extrajudiciales que llevaba a cabo el Estado para enfrentar la disidencia política.

En este contexto, la búsqueda de las personas desaparecidas en 1968, en 1971 y en la *guerra sucia* desembocaría en la creación de OSC enfocadas en estos temas. Ejemplo de éstas son: el Comité Pro-Defensa de Presos Perseguidos, Desaparecidos y Exiliados Políticos de México, que nació en 1977, actualmente conocido como el Comité Eureka, y el Frente Nacional contra la Represión (1979), cuyo objetivo era impulsar la libertad de los desaparecidos.

Los terribles acontecimientos de la década de los setenta contrastaban con la imagen progresista que nuestro país daba hacia la comunidad internacional, pues aunque había suscrito ya varios convenios internacionales en materia de derechos humanos, no era suficiente para detener las flagrantes violaciones a derechos humanos a las que se encontraban expuestos sistemáticamente varios sectores de la población mexicana.

Movimientos sociales y DH

Las crisis económicas registradas durante los años ochenta y los sentimientos de solidaridad surgidos a raíz de la desgracia de los sismos de 1985 incidieron en que los movimientos sociales se orientaran también hacia reivindicaciones de carácter laboral, vivienda y aquellas relacionadas con el ejercicio de los derechos políticos de las ciudadanas y los ciudadanos.

Esto incidió de forma directa en la gestación de un movimiento que comenzó a desplegarse de manera paulatina, hasta concretarse en la actividad de un nutrido grupo de nuevas OSC, cuyas demandas se dirigieron hacia el desarrollo político y social, en temas como la educación, la formación cívica, el combate a la tortura, el debido proceso en el ámbito judicial y la rendición de cuentas.

La participación de los actores sociales en este periodo se dirigió cada vez más hacia la interlocución con el gobierno y con diversos organismos internacionales de derechos humanos. En su conjunto, las OSC ampliaron la defensa del sistema de derechos, desde los cívicos y políticos, hasta los económicos, sociales, culturales y ambientales, a través de la corresponsabilidad con la sociedad y la orientación de políticas gubernamentales.

Otras organizaciones de la sociedad civil

De estas iniciativas surgieron paulatinamente OSC como: el Centro de Derechos Humanos Fray Bartolomé de las Casas, AC, en Chiapas, el Centro de Derechos Humanos Tepeyac del Istmo de Tehuantepec, AC, en Oaxaca y el Movimiento Urbano Popular y el Encuentro Nacional de Organizaciones Civiles, mismo que tuvo como propósito impulsar acciones para intervenir en el debate público e impulsar mecanismos para la construcción de ciudadanía.

Destacan también organizaciones como: la Comisión Mexicana de Defensa y Promoción de los Derechos Humanos, AC, que encabezó una amplia lucha a favor de los derechos económicos, sociales y culturales de las mexicanas y los mexicanos; la Academia Mexicana de Derechos Humanos, AC, que centró sus acciones en las comunidades indígenas migrantes y en la situación de los niños de la calle, y el Centro de Derechos Humanos "Miguel Agustín Pro Juárez", AC, que enmarcó su trabajo hacia los grupos más pobres y vulnerables del país: indígenas, migrantes, trabajadores y víctimas de represión social.

De igual manera, en la década de los ochenta el movimiento feminista profundizó sus acciones en tres direcciones: la ampliación de la condición de ciudadanía, la promoción de la equidad de género, y el derecho a decidir y a la diferencia, el cual apunta hacia la lucha por una opción sexual libre. También se sentaron las bases conceptuales, sociales y políticas de lo que sería un vigoroso movimiento de las OSC de derechos humanos durante los años noventa. Es en este momento cuando se empiezan a dar las articulaciones de diferentes organizaciones por medio de redes, foros y otros espacios formales o informales de organización social. Se consolidan también espacios de articulación específicos, es decir, por grupo de población, por tipo de derecho o demanda.

EZLN

Los acontecimientos de mediados de los noventa detonan también una importante multiplicación de organizaciones y espacios de participación y organización ciudadana; tanto el alzamiento indígena del Ejército Zapatista de liberación Nacional (EZLN), como el protagonismo social que tomaron actores como El Barzón después de que estallará la crisis económica de fines de 1994, generan un protagonismo social y la multiplicación de agendas con enorme incidencia.

Creación del IFE

Este proceso político y social confluye en la última década del siglo XX, la presión social y política de la sociedad civil organizada empezó a encontrar signos de apertura y desarrollo institucional, logrando de forma paulatina la transformación gradual de la democracia mexicana. La presión al sistema político reflejó cambios que se vislumbraron en distintas reformas a lo largo de estas décadas, como las reformas de 1977, a la Ley de Organizaciones Políticas y Procedimientos Electorales y al Código Electoral de 1986, así como varias disposiciones en los artículos 53 y 54 constitucionales, al crear el sistema de diputados plurinominales que brindaba un número determinado de escaños para ser repartidos proporcionalmente entre los partidos de oposición. Bajo esta tendencia hacia la apertura de espacios a otros actores, en agosto de 1990 se expidió el Código Federal de Instituciones y Procedimientos Electorales (Cofipe), el cual dio lugar la creación del Instituto Federal Electoral (IFE).

En este contexto, en 1994 surgió la red Alianza Cívica, movimiento ciudadano fundado por siete organizaciones del entonces Distrito Federal y promovido por otros 415 organismos de los 32 estados de la República, que concentró sus esfuerzos en la lucha por la democracia a través de la observación ciudadana de las contiendas electorales, consolidando su campo de acción en la participación ciudadana en los asuntos públicos y en la vigilancia de los asuntos de gobierno.

Fue en este contexto que, podemos decir de manera breve, se pasó de la protesta de los sesenta y setenta a la propuesta y la construcción de los principios democráticos fines del sigo XX y principios del siglo XXI.

Programas y políticas públicas en favor de los DH

La primera década del actual siglo estuvo marcada por el análisis, diseño y aplicación de políticas públicas en materia de derechos humanos; por ejemplo, a través del Diagnóstico sobre la Situación de los Derechos Humanos en México (2003) y los Programas Nacionales de Derechos Humanos (2004, 2008), así como, a nivel local, el Diagnóstico (2008) y Programa de Derechos Humanos (2009) del Distrito Federal, que fueron los primeros documentos de esta naturaleza a nivel local en el país.

Derechos de diversos grupos

Durante la primera y, sobretodo, la segunda década del siglo XXI se ha desarrollado una mayor pluralidad y apertura en torno al debate de agendas relacionadas con diversos derechos y grupos de población, tales como la infancia, las mujeres, los migrantes y refugiados, el derecho a la no discriminación, la diversidad sexual, lesbianas, gays, bisexuales, transexuales, transgéneros, travestis, intersexuales, *queer* y más (LGBTTTIQ+), migrantes, adultos mayores, seguridad ciudadana, seguridad humana, medio ambiente, desaparición forzada, tortura, ejecución extraoficial y corrupción, sólo por mencionar algunos.

Esto ha originado diversas iniciativas por parte de OSC tales como redes, movimientos sociales y universidades para el estudio, litigio estratégico y trabajo a favor de la promoción, la defensa de los derechos humanos y la dignidad humana en México. Ejemplo de lo anterior son: Causa en Común, la Comisión Mexicana de Defensa y Promoción de los Derechos Humanos, el Colectivo de Análisis de la Seguridad con Democracia, AC, Ciudadanos en Apoyo a los Derechos Humanos, AC, Grupo de Información en Reproducción Elegida, Pueblos sin Fronteras, Fundación para la Justicia y el Estado Democrático de Derecho, México Unido contra la Delincuencia, la Red por los Derechos de la Infancia en México, la Red Nacional de Organismos Civiles de derechos Humanos Todos los Derechos para Todos y Todas, el Movimiento por la Paz con Justicia y Dignidad, el Movimiento por Nuestros Desaparecidos en México, Programa de Derechos Humanos de la Universidad Iberoamericana, el Programa Universitario de Derechos Humanos de la Universidad Nacional Autónoma de México y el Programa Institucional de Derechos Humanos y Paz del Instituto Tecnológico y de estudios Superiores de Occidente, por mencionar algunos.

Impacto de las OSC en México

Sin duda, las movilizaciones de las OSC lograron distintos avances en materia de derechos humanos gracias al impacto que tuvieron en la cultura ciudadana y política actual, así como por haber logrado tanto la institucionalización de sus demandas como la ampliación de sus agendas. Uno de eso avances se expresa en concreto a través de la contribución para la creación de un sistema público de protección, promoción y defensa de los derechos humanos.

5.2 Organismos Públicos de Derechos Humanos

Procuraduría de los Pobres

En el caso mexicano podemos ubicar el principio de la defensa de los derechos humanos desde las instituciones públicas en el siglo XIX, con la creación de la Procuraduría de Pobres que en 1847 fundó Ponciano Arriaga, en el estado de San Luis Potosí. Su mandato comprendía acciones jurisdiccionales en el campo civil y militar, así como otras actividades de defensa y promoción de los derechos de las personas más desprotegidos.

La trascendencia de los planteamientos de este liberal decimonónico radica en que orientó sus discursos y acciones hacia una defensa de los pobres que iba más allá de la asistencia social, pues tenía una perspectiva de derechos humanos que cuestionaba duramente el trato asistencial hacia las personas de escasos recursos. Su énfasis estaba puesto sobre la pobreza como una condición de vulnerabilidad ante la arbitrariedad y la injusticia de muchas autoridades. Este punto es un aspecto toral que define en gran medida el perfil institucional de los Organismos Públicos de Derechos Humanos (OPDH) en México, aunque, es cierto, falta aún mucho por avanzar.

Otros antecedentes más inmediatos del sistema no jurisdiccional de defensa y promoción de los derechos humanos y, por ende, de su institucionalización en el país son los que aparecen en el cuadro 3.

Antecedentes del sistema no jurisdiccional de DH

Cuadro 3. Iniciativa previas a la creación de los OPDH en México

Año	Institución
1975	Procuraduría Federal del Consumidor
1979	Dirección para la Defensa de los Derechos Humanos de Nuevo León
1983	Procuraduría de Vecinos de la ciudad de Colima
1985	Defensoría de los Derechos Universitarios de la Universidad Nacional Autónoma de México
1986	Procuraduría para la Defensa del Indígena del estado de Oaxaca
1988	Procuraduría de Protección Ciudadana del estado de Aguascalientes
1988	Defensoría de los Derechos de los Vecinos del Municipio de Querétaro
1989	Dirección General de Derechos Humanos de la Secretaría de Gobernación
1989	Procuraduría Social del Gobierno del Distrito Federal

Fuente: Elaboración del autor.

Violaciones sistemáticas de DH

En opinión de algunos autores, ya en tiempos más recientes, uno de los factores que originaron los OPDH en México, y en consecuencia el Sistema Nacional no Jurisdiccional de Derechos Humanos (SNDH), fue el reconocimiento oficial del entonces presidente de la República Mexicana, Carlos Salinas de Gortari, de la violación sistemática a los derechos humanos en el país durante las décadas de los ochenta y noventa por parte de los funcionarios públicos, principalmente de las autoridades policíacas.

Este reconocimiento oficial derivó de distintos procesos nacionales e internacionales. Como se mencionó antes, todo un proceso social en ascenso y en aumento con múltiples dimensiones políticas y sociales generaron una enorme presión al gobierno. Pero también el gobierno necesitó ganar la credibilidad y legitimidad internacional que requería la formalización del Tratado de Libre Comercio de América del Norte (TLCAN) y la inversión extranjera de los Estados Unidos y Canadá, mediante un clima de estabilidad política y de respeto a los derechos fundamentales. No se puede dejar de lado la represión expresada en múltiples amenazas, detenciones arbitrarias e incluso preocupantes asesinatos a militantes de oposición, líderes sociales, sindicales, campesinos estudiantiles y otros. Esto se incrementó después de las controvertidas elecciones de 1988 cuando la oposición y una gran parte de la sociedad acusaron un fraude electoral que llevó a Salinas de Gortari a la presidencia.

En este orden de ideas, dentro de los acontecimientos históricos de mayor relevancia que influyeron, y eventualmente empujaron, en el establecimiento de los OPDH fue el asesinato de Norma Corona, abogada defensora de los derechos humanos en su natal Sinaloa, así como los constantes abusos cometidos por los cuerpos policíacos, cuyo principal hecho violatorio fue la tortura.

Creación de la CNDH

Así, fue a finales de la segunda mitad del siglo pasado, en el marco de profundas transformaciones en la vida política de nuestro país y su impacto en diversas reformas legislativas, cuando se creó por decreto presidencial la Comisión Nacional de Derechos Humanos (CNDH), como un organismo descentralizado de la Secretaría de Gobernación, con el objetivo de fomentar la protección, observancia y promoción de los derechos y libertades fundamentales.

El Sistema Nacional de Derechos Humanos (SNDH) (o Sistema No Jurisdiccional de Derechos Humanos) se creó en 1992 en medio de un contexto de movilizaciones sociales y reformas políticas en favor de la democracia. En ese año el Congreso de la Unión adicionó el apartado B al artículo 102 de la Constitución Política de los Estados Unidos Mexicanos y dispuso que las legislaturas de las entidades federativas establecieran organismos de protección de los derechos humanos, lo que transformó a la CNDH en un organismo descentralizado y condujo a la promulgación de su ley reglamentaria.

Organismos estatales de DH

De este modo, la creación de la CNDH y de los OPDH estatales fue un paso importante en el proceso de institucionalización de los derechos humanos en México, pues por primera vez cada entidad federativa contaba con instancias para defender a las personas de los abusos y arbitrariedades del poder.

Así, a lo largo de 1992 y 1993, los estados de la federación cumplieron con la obligación constitucional de establecer un organismo de protección de los derechos humanos. El último organismo de esta naturaleza fue la Comisión de Derechos Humanos del Distrito Federal, el 30 de septiembre de 1993.

Naturaleza de los organismos púlicos de DH

Acorde al mandato constitucional, los OPDH, tienen la siguiente naturaleza:

a) Las instituciones tendrán autonomía al ser organismos públicos separados del gobierno.
b) Los organismos conocerán e investigarán quejas en contra de todo acto u omisión de cualquier servidor público.
c) Cuando sea necesario, los organismos emitirán recomendaciones públicas no vinculantes para la autoridad.
d) Las leyes respectivas se establecerán las funciones y el marco institucional de los OPDH, excluyendo ciertas materias como la electoral, la laboral y la jurisdiccional.

En el 2001 se modificó la ley de la CNDH, con el objetivo de armonizar el texto legal a la reforma constitucional de 1999, que dotaban de autonomía al organismo, con lo cual se abrió la posibilidad de que los OPDH se convirtieran en auténticos defensores de los derechos humanos de las personas históricamente vulneradas, victimizadas y excluidas.

De esta manera, uno de los logros más importantes que ha tenido el movimiento por los derechos humanos en nuestro país ha sido la institucionalización de sus demandas a través de la creación de un SNDH, uno de los más amplios del mundo al integrarse por la CNDH y 32 organismos homólogos en el ámbito local.

No obstante, de nada servirá tener un amplio SNDH si no se cuentan con los recursos suficientes para el ejercicio de sus funciones; o bien, si éstos carecen de plena autonomía como para el nombramientos de sus distintos titulares, tanto a nivel estatal como nacional. Debería alcanzarse una *magistratura moral* independiente de los gobiernos y partidos políticos; sin embargo, en el caso del organismo nacional, el puesto se ha asumido en medio de una serie de descalificaciones en torno a legalidad de su nombramiento y la legitimidad de su cargo. Infelizmente ésta es una realidad que todavía se vive en épocas muy recientes.

Políticas públicas y DH

Asimismo, el trabajo que desarrollan los OPDH carece de sentido si no consigue tener una incidencia real en el diseño y aplicación de políticas públicas con perspectiva de derechos humanos. Los derechos humanos no son un elemento adicional en las acciones de las autoridades públicas, sino el principio de todo gobierno comprometido con la igualdad, la libertad, la democracia y el respeto de los derechos humanos.

En la medida en que las acciones de las autoridades públicas incorporen dentro de los mecanismos de gestión gubernamental el factor humano, y éste sea reconocido como una condición básica de gobernabilidad democrática, la salvaguarda efectiva de los derechos humanos consolidará las función de Estado de los OPDH y formará parte esencial en los procesos de institucionalidad democrática en el país.

5.3 La trascendencia de la reforma constitucional en derechos humanos de 2011

Antecedentes constitucionales de los DH en México

En la historia del constitucionalismo mexicano podemos localizar algunos antecedentes clave que influyeron en el reconocimiento y configuración de lo que hoy conocemos como derechos humanos. Profundizar en este proceso merecería un estudio a parte, pero aquí sólo mencionaremos a la Constitución Española de Cádiz (1812), los Sentimientos de la Nación de José María Morelos (1813), la Constitución de Apatzingán (1814), la Constitución de 1824, las Siete Leyes Constitucionales (1835-1836), las Bases Orgánicas de la República Mexicana (1843), el Acta Constitutiva y de Reforma (1847), la Constitución Federal de los Estados Unidos Mexicanos (1857) y la Constitución Política de los Estados Unidos Mexicanos (1917).

El proceso de reforma a la Constitución Política de los Estados Unidos Mexicanos en materia de derechos humanos fue muy lento: casi un siglo después de promulgada se hizo una modificación sustantiva acorde con una visión integral de derechos humanos que supera la visión de garantías individuales, pues después de varios años de discusiones por diversos actores y el análisis de varias iniciativas, finalmente el 11 de junio de 2011 se publicó en el Diario Oficial de la Federación el decreto por el que se modifica la denominación del Capítulo I del Título primero y reforma diversos artículos de la Constitución.

De esta forma, el Estado mexicano superó el hecho de contar con la primera constitución de derechos sociales del siglo XX —que contempló el derecho colectivo en su artículo 123, la educación laica y obligatoria en el 3° y al derecho para adquirir el dominio de las tierras, las aguas y sus accesiones en el 27—, pero que inició el nuevo milenio sin contemplar una plena protección y promoción de los derechos humanos.

Reforma del 2011

Previamente a la reforma constitucional del 2011, en 2009, la CorteIDH condenó al Estado mexicano por el caso Rosendo Radilla Pacheco y, entre otros aspectos, se obligó al país a tutelar

Control concentrado y control difuso

y garantizar los derechos humanos de las personas y a que todos los órganos jurisdiccionales ejecutaran el control difuso de convencionalidad *ex officio*. Se denomina "difuso" porque la competencia de control constitucional se reparte entre el universo de órganos jurisdiccionales del Estado mexicano que no realizan funciones de control concentrado o por determinación constitucional específica (el control concentrado o directo es realizado por los tribunales de amparo del Poder Judicial de la Federación, mediante los mecanismos de controversias constitucionales, acciones de inconstitucionalidad, amparo indirecto y amparo directo (*Cf.* Salazar Muñoz, 2016)).

Esto significó que la Suprema Corte de Justicia de la Nación (SCJN) interpretara la sentencia para poner fin a los criterios jurisprudenciales relacionados con el control constitucional concentrado. Resolvió que en México no sólo debe aplicarse el control difuso de convencionalidad *ex officio,* sino que éste debía ser congruente con el sistema de control constitucional mexicano, lo que marcó la consolidación del modelo mixto de control constitucional para todas las autoridades sin importar el orden de gobierno o funciones que realicen.

Lo anterior repercutió en la reforma constitucional del 2011, de manera particular al reformarse el Capítulo primero en materia de derechos humanos. El contenido general de dicha reforma se encuentra en el cuadro 4.

Parte de lo novedoso fue la incorporación del DIDH, el principio pro-persona, la obligación de todas las autoridades de promover, respetar, proteger y garantizar los derechos humanos conforme a los principios de universalidad, interdependencia, indivisibilidad y progresividad, y los derechos a la igualdad y la no discriminación.

Esto obliga a todo servidor público sin distinción de nivel, orden de gobierno o poder público a atender el mandato constitucional en derechos humanos, esto significa que para ellos es una obligación transversal y multinivel. Asimismo, el impacto de la reforma fue tan significativo que la SCJN inició una nueva época en la publicación de sus decisiones.

Cuadro 4. Contenido de la reforma constitucional del 2011

Contenido de la reforma del 2011

Artículo	Contenido
1°	· Las personas gozarán de los derechos humanos previstos en la Constitución mexicana y los tratados internacionales que en la materia ha firmado y ratificado el Estado mexicano. · Interpretación de normas de derechos humanos favoreciendo siempre la protección de las personas. · Obligación de las autoridades, en el ámbito de sus competencias, para promover, respetar, proteger y garantizar los derechos humanos de conformidad con los principios de universalidad, interdependencia, indivisibilidad y progresividad. En consecuencia, el Estado deberá prevenir, investigar, sancionar y reparar las violaciones a los derechos humanos, en los términos que establezca la ley. · Prohibición de toda discriminación.
29	· Nuevos términos para la vigencia del Estado de excepción.
102-B	· Los servidores públicos deben fundar, motivar y hacer pública su negativa a aceptar o cumplir recomendaciones. · El Poder Legislativo podrá llamar a explicar el motivo de su negativa. · Autonomía de los OPDH. · Consulta pública para elegir titulares de OPDH. · Investigación de violaciones graves de derechos humanos. · No competencia en asuntos electorales y jurisdiccionales.
3	· Educación en derechos humanos.
11	· Derecho de libre circulación y su subordinación a facultades de autoridad judicial. · Solicitud asilo y refugio.
15	· No se autoriza la celebración de tratados que alteren los derechos humanos, la Constitución y los tratados internacionales.
18	· Organización del sistema penitenciario con perspectiva de derechos humanos.
33	· Personas extranjeras y goce de derechos humanos. · Regulación para expulsar extranjeros del territorio nacional.
89	· Dirección de política exterior y celebración de tratados internacionales.
97	· El Consejo de la Judicatura Federal podrá averiguar la conducta de jueces y magistrados federales.

Fuente: Elaboración del autor.

Parámetro de control de regularidad constitucional

Después de la reforma constitucional en derechos humanos de junio de 2011 también se abrió un nuevo entendimiento en la materia. En este sentido, el Pleno de la SCJN hizo una interpretación del artículo primero constitucional —derivada de la contradicción de tesis 293/2011— y, en suma, se estableció que los derechos humanos reconocidos en la Constitución y en los instrumentos internacionales en la materia no se relacionan de manera jerárquica, sino que tienen el mismo valor normativo. A esto se le conoce como "parámetro de control de regularidad constitucional", que permite a los jueces determinar la norma más favorable para las personas y, a su vez, hace posible fortalecer los mecanismos que garantizan los derechos humanos.

Por lo anterior, las autoridades de los tres órdenes de gobierno tendrán la obligación de prevenir, promover y proteger los derechos humanos; es decir, los ministerios públicos, jueces, peritos y litigantes deberán aplicar el DIDH y los convenios y tratados que México ha ratificado, y los estudiantes tendrán que aprenderlo.

Asimismo, los OPDH, con base en el fortalecimiento y las nuevas facultades que les fueron otorgadas, tendrán que coadyuvar y generar sinergias con las autoridades estatales para hacer realidad el pleno ejercicio de los derechos de las personas.

Esto tuvo como base un acto soberano basado en el principio de autonomía, es decir, México se comprometió ante sí mismo y ante los demás Estados de la comunidad internacional a cumplir los instrumentos que ha firmado y ratificado en materia de derechos humanos; es decir, los ministerios públicos, jueces, peritos y litigantes deberán aplicar el DIDH y los convenios y tratados que México ha ratificado, y los estudiantes tendrán que aprenderlo.

Leyes secundarias que promueven los DH

Por otra parte, con base en lo establecido en la Constitución y los tratados internacionales, hay que subrayar que en nuestro país también existen diversas leyes secundarias y códigos que salvaguardan y promueven los derechos humanos en México, tales como la Ley Federal del Trabajo, la Ley de los Derechos de las Personas Adultas Mayores, la Ley Federal para Prevenir y Eliminar la Discriminación, la Ley General de Acceso de las Mujeres a una Vida Libre de Violencia, la Ley General de los Derechos de Niñas, Niños y Adolescentes, la Ley General de Víctimas, la Ley General en materia de Desaparición Forzada de Personas, Desaparición cometida por Particulares y del Sistema Nacional de Búsqueda de Personas, la Ley General para Prevenir, Investigar y Sancionar la Tortura y otros Tratos o Penas Crueles, Inhumanos o Degradantes, entre otras.

Para finalizar, una breve anotación: debido a la influencia de las escuelas jurídicas, principalmente europeas, en ocasiones suele hacerse una distinción entre los términos "derechos humanos" y "derechos fundamentales". Los primeros son aquellos reconocidos en las declaraciones y convenciones internacionales, mientras que los segundos están recogidos o garantizados por el ordenamiento jurídico de un Estado. Ésta es una discusión mucho mayor, pero bien vale la anotación para efectos de ubicar esta reflexión. Luigi Ferrajoli y otros (2001) son uno de los referentes obligados en este particular.

6. La(s) crisis de derechos humanos en México

En los apartados anteriores se ha señalado que desde la segunda mitad del siglo pasado México ha vivido diversas y profundas transformaciones económicas, sociales y políticas, algunas de las cuales han contribuido a la construcción y permanencia de su democracia; entre ellas se encuentran la alternancia política, la institucionalización de los derechos humanos y la reforma constitucional del 11 de junio del 2011, la cual suponía un profundo cambio no sólo en la manera de entender e interpretar estos derechos, sino también en la forma de diseñar e implementar políticas públicas con ese enfoque.

Violencia y DH

Sin embargo, en nuestro país se han consolidado relaciones sociales asimétricas, cuyo sustento se encuentra en las diferencias económicas, sociales, étnicas, culturales, religiosas, entre otras, de quienes habitan o transitan por el territorio nacional, lo que ha provocado *de facto* discriminación hacia algunas personas. Aunado a esto, en los últimos años se han intensificado diversas y graves violencias, violaciones graves a los derechos humanos, que han llevado a declarar una crisis en la materia en México. La violencia es un fenómeno que no sólo está presente en las guerras, que suelen ser la expresión más grave de un conflicto. De forma cotidiana se refleja en problemas sociales derivados de la desigualdad, la discriminación, la pobreza o desavenencias entre personas. El impacto que la violencia puede llegar a tener en la población es múltiple por tratarse de un fenómeno sumamente difuso y complejo, por lo que no es posible definirlo con exactitud científica. La Organización Mundial de la Salud divide a la violencia en tres categorías según el autor del acto violento: violencia dirigida contra uno mismo, interpersonal y colectiva. Esta clasificación intenta mostrar la condición multidimensional de lo que pasa con distintas personas y tipos de daños. En la actualidad se habla del fenómeno de las violencias y, precisamente, tiene que ver con sus distintas dimensiones (Organización Panamericana de la Salud para la Organización Mundial de la Salud, 2002).

Clasificación de la violencia

La violencia tiene como consecuencia un déficit en la vivencia de la dignidad humana, la libertad, la democracia, la igualdad y el Estado de derecho, lo que nos obliga a conocer los retos de la situación de los derechos humanos en México, de manera particular en torno a las graves violaciones a derechos humanos.

Antes de continuar este apartado es necesario hacer algunas aclaraciones sobre lo que podemos entender como violaciones graves a derechos humanos con base en los lineamientos sentados por la SCJN (Tesis: 1a. XI/2012) y por la CorteIDH.

Violaciones graves a los DH

La SCJN ha establecido que para determinar que una violación a derechos humanos es grave debe comprobar la trascendencia social de las violaciones, lo cual se podrá hacer por medio de criterios cuantitativos o cualitativos. El criterio cuantitativo determina la gravedad de las violaciones demostrando que tienen una trascendencia social en función de aspectos medibles o cuantificables, tales como el número, la intensidad, la amplitud, la generalidad, la frecuencia o su prolongación en el tiempo, así como, evidentemente, la combinación de varios de estos aspectos. El criterio anterior no puede aplicarse a todos los casos, razón por la cual la SCJN también ha entendido que en algunos supuestos la trascendencia social de las violaciones puede demostrarse mediante un criterio cualitativo, determinando si éstas presentan alguna característica o cualidad que les dé una dimensión específica.

En lo que respecta a la jurisprudencia de la CorteIDH, se ha determinado que la gravedad radica, en esencia, en la multiplicidad de violaciones comprendidas dentro del fenómeno delictivo; especial magnitud de las violaciones en relación a la naturaleza de los derechos afectados; y una participación importante del Estado, al ser los actos cometidos por agentes estatales o con la aquiescencia, tolerancia o apoyo del Estado.

Dicho lo anterior, para contextualizar el porqué de la crisis de derechos humanos en México, es preciso señalar que el expresidente Felipe Calderón, 2006-2012, inició su sexenio con una declaración de "guerra contra el crimen organizado" y sacó al Ejército mexicano de sus cuarteles, para hacer labores de seguridad pública; sin embargo, el resultado fue el incremento de las violencias y las violaciones a derechos humanos en una gran dimensión.

Después, entre el 2012 y 2018, cuando Enrique Peña Nieto fue presidente de la República, declaró "que haría de los derechos humanos una política de Estado", pero su gobierno tampoco fue capaz de responder a los grandes desafíos y problemas que en materia de derechos humanos tenía el país; por el contrario, se agudizó y profundizó esta crisis.

El caso Ayotzinapa

La desaparición de 43 estudiantes de la Normal Rural "Raúl Isidro Burgos" de Ayotzinapa, Guerrero en el 2014, así como las miles de denuncias de otras personas desaparecidas en el país, junto con reportes de la sociedad civil y de las visitas a México en el 2015 de la CIDH y del Alto Comisionado de las Naciones Unidas para los Derechos Humanos, dispararon las alertas por la situación de los derechos humanos en el país, pero sobre todo por las graves violaciones a estos derechos, en particular en materia de desaparición forzada, tortura, ejecución extrajudicial, desplazamiento interno forzado y violencia feminicida.

Casos de violaciones graves de los DH

Por su parte, en ese marco, el gobierno de Peña Nieto actuó en contra de mecanismos internacionales; por ejemplo, descalificó al Relator sobre Tortura de la ONU, obstaculizó la visita solicitada por la Relatoría de Desplazados Internos de la ONU, desconoció las observaciones finales del Comité contra la Desaparición Forzada de la ONU, e incluso confrontó al Grupo Internacional de Expertos Independientes (GIEI) de la CIDH en el caso Ayotzinapa, entre otras acciones de confrontación con organizaciones internacionales, civiles e intergubernamentales de derechos humanos.

Por otro lado, durante el sexenio de Peña Nieto, la CNDH emitió 19 recomendaciones por graves violaciones a derechos humanos (CNDH, b), y después de que México fue sometido al más reciente Examen Periódico Universal (EPU) del 2018 (procedimiento que involucra la revisión del cumplimiento de las obligaciones y compromisos de derechos humanos de cada Estado miembro de la ONU, cada cuatro años), recibió 264 recomendaciones y se le cuestionó directamente sobre casos de graves violaciones a derechos humanos.

Después del 2018 la llegada de un nuevo gobierno bajo la presidencia de Andrés Manuel López Obrador generó grandes expectativas de un cambio radical en la atención a los derechos humanos; infelizmente tanto por el peso de la herencia de lo sucedido antes como por las decisiones de esa administración, la crisis de violencia y de violaciones a los derechos humanos están lejos de terminar.

Desapariciones forzadas

Una constatación de la crisis de derechos humanos es el fenómeno de la comisión de atrocidades, delitos de lesa humanidad y/o graves violaciones a los derechos. Por ejemplo, la desaparición cometida por particulares y desaparición forzada que, si bien empieza desde años atrás, todavía se continúa presentando en México. Según datos oficiales del Registro Nacional de Datos de Personas Extraviadas o Desaparecidas de la Comisión Nacional de Búsqueda, a julio 13 del 2020 se registraron 73 201 personas desaparecidas y no localizadas, bajo la certeza de que se trata en realidad de una cantidad mucho mayor por varias razones no denunciadas y contabilizadas.

Para darnos una idea de las dimensiones de la cifra de personas desaparecidas en México, se estima que ésta supera a las más de 45 mil personas que dejó la guerra civil de Guatemala, un conflicto que se extendió entre 1965 y 1996, con un saldo de más de 200 mil víctimas y en donde un 93% de las atrocidades fueron perpetradas por el ejército (PNUD), o bien, las 30 mil personas desparecidas durante la dictadura militar (1976-1983) en Argentina, según datos de organismos de derechos humanos (Crenzel, 2010).

Fuerzas armadas y violación de DH

En suma, a pesar de que en diversas ocasiones organismos internacionales de derechos humanos señalaron al país que la atribución a las Fuerzas Armadas de roles de seguridad pública y el despliegue de operativos conjuntos con las instituciones de seguridad estatales y municipales en distintas partes del país desataban mayores violencias, violaciones graves a los derechos humanos e impunidad, el gobierno fue omiso a dichas llamadas de atención, pero sobre todo a las demandas de miles las víctimas.

Guardia Nacional

A la fecha, México no sólo lleva casi tres lustros con la misma política pública en materia de seguridad, sino que a través de una reforma constitucional en el 2019 — de los artículos 10, 16, 21, 31, 35, 36, 73, 76, 78 y 89—, y su consecuente Estrategia Nacional de Seguridad, *ha metido por la puerta de atrás* a las Fuerzas Armadas, una Guardia Nacional (GN) que por su propia naturaleza no tiene la capacidad de responder a las necesidades de una estrategia basada en la seguridad humana y ciudadana (*Cf.* CIDH, 2009).

Migración y DH

A la fecha, la GN (mandatada como institución civil, pero militarizada en forma, fondo, mandos y estructura) ha asumido labores para las que no fue creada, pues buena parte de su función ha sido impedir la entrada de migrantes en la frontera sur del país. De esta manera, México omite atender otra parte de la crisis de derechos humanos; después del acuerdo que tuvo el 7 de junio de 2019 con autoridades de los Estados Unidos para reducir la migración hacia el norte, se enviaron más de 20 mil efectivos de la GN a su frontera con Guatemala y en el resto del territorio nacional. Esto significó que México diera un dramático vuelco en su política de solidaridad con la migración proveniente del sur para ubicarlo muy alarmantemente como un tema de seguridad nacional (Lafuente, 2019).

Es necesario recordar que en octubre de 2018 México vivió un intenso pico de la crisis migratoria, cuando el 13 de ese mes partió de San Pedro Sula, Honduras, una caravana de migrantes compuesta por al menos de 200 personas rumbo a los Estados Unidos, pero que sumó cada vez más hondureños, guatemaltecos y salvadoreños a lo largo de la ruta. La Organización Internacional para las Migraciones (OMS) estimó que al llegar a México estaba compuesta por unas 7 mil 200 personas; asimismo, el relator para los derechos de los migrantes advirtió que recurrir a las fuerzas armadas sería “muy peligroso”, ya que cuando se emplean para tareas que no le son propias, se termina en violaciones a derechos humanos (ONU, 2018).

Por otra parte, el Estado mexicano continúa con una gran deuda en materia de justicia, sobre todo para víctimas. El modelo de justicia ha fracasado y está colapsado. De esto nos cuenta el anuncio de la reforma de y con el Poder Judicial; el pasado 21 de octubre de 2019, el Fiscal General de la República informó que en el país se cometen 36 millones de delitos al año, de los cuales sólo 2 millones se denuncian y sólo 200 mil terminan en algún tipo de sanción.

La pasada reforma a la Ley Orgánica de la Fiscalía General de la República era la oportunidad para refundar el modelo nacional de justicia; el Poder Legislativo debió reformar el artículo 102 constitucional para generar las condiciones de contar una Fiscalía verdaderamente autónoma, sensible y capaz de romper con los vicios del pasado, lo que infelizmente no sucedió.

Reforma al al artículo 19

En este orden de ideas, también es preocupante la reforma al artículo 19 constitucional que busca la ampliación y agravamiento de las medidas punitivas que revierten el principio de presunción de inocencia y el derecho al debido proceso en materia de sistema penal acusatorio; ello contra todas las recomendaciones de organismos nacionales e internacionales de derechos humanos, lo que también viola el principio constitucional de progresividad. Esta reforma conllevará serias consecuencias para el sistema penitenciario nacional. Una experiencia similar se vivió en la Ciudad de México, en donde del 2010 al 2014 hubo una sobrepoblación carcelaria mayor al 70%, tendencia que se inició con reformas similares a principios de los años dos mil.

Por otra parte, las recomendaciones que diversos organismos internacionales de derechos humanos han hecho a México continúan incrementándose; tan sólo entre 1994 y el 2018 ya sumaban alrededor de 3 mil, mientras que a la fecha no existe un seguimiento puntual en relación con su cumplimiento y alcances.

Ejecuciones y fosas clandestinas

A lo anterior se suman otros fenómenos sociales que vuelven más compleja la situación de los derechos humanos en México; éste es el caso de las personas ejecutadas y que en muchas ocasiones su destino es terminar en fosas clandestinas, lo que ha derivado en un enorme universo del horror presente en distintos estados de la República; por ejemplo, la fosa más grande hallada en el predio Colinas de Santa Fe, en Veracruz, en donde se encontraron 298 cráneos y más de 22 mil 500 restos humanos en total. Tan solo en dicha entidad se han encontrado 322 fosas clandestinas (Soberanes, 2019).

En prácticamente todo el país se han encontrado fosas clandestinas. Algunos datos señalan que ésta ascienden a 3 024 fosas o sitios clandestinos e ilegales de entierro; las entidades federativas con mayor número de fosas son Tamaulipas, Jalisco, Chihuahua, Guerrero Sinaloa y Zacatecas (Redacción Aristegui Noticias, 2019).

Tampoco existen a la fecha datos oficiales —es decir, gubernamentales— sistematizados y confiables en cuanto al número de fosas clandestinas. En este tema la CNDH, a través de su “Informe Especial sobre Desapariciones de Personas y Fosas Clandestinas en México", revela que entre el 1 de enero del 2007 y septiembre de 2016 se habían exhumado mil 548 cadáveres, de los cuales 152 correspondían al sexo femenino y 1 053 al masculino, en 343 casos no se proporcionó el sexo y sólo fueron identificados 796 cadáveres (CNDH, a).

Por otra parte, en muchas ocasiones, los familiares de personas desaparecidas realizan la búsqueda sin un verdadero apoyo de las autoridades; en ocasiones llevan a cabo esta actividad con la observación de cuerpos policíacos que están coludidos con el crimen organizado, es decir, eventualmente puede darse la participación de personas que pudieran haber estado involucradas de una forma u otra en los entierros clandestinos (Redacción Univisión, 2017), lo que preocupa, con toda razón, a las víctimas y colectivos.

Desplazamiento forzado

El desplazamiento interno forzado es un fenómeno provocado principalmente por la acción de redes macrocriminales y la violencia que generan. La Comisión Mexicana de Defensa y Promoción de los Derechos Humanos (CMDPDH) señala la ausencia de información precisa que permita un diagnóstico claro sobre el desplazamiento interno forzoso en nuestro país. Por lo cual, éste es un fenómeno invisibilizado. Algunos datos preliminares son alarmantes, pues se estima que al menos 338 mil 405 personas han sido internamente desplazadas por la violencia en México de 2006 al 2019, aproximadamente. En realidad, ésta es una de las tragedias que el Estado mexicano no ha reconocido y asumido en su magnitud.

Violencia conta las mujeres y niñas

La violencia contra las mujeres y las niñas es otra de las dimensiones de la crisis de derechos humanos en México, la cual es causa y consecuencia de la desigualdad y de la discriminación de género (ONU mujeres e Inmujeres, 2017).

> El concepto de feminicidio abarca a los individuos responsables, pero también señala la responsabilidad de las estructuras estatales y jurídicas. Por ello, es necesario subrayar la importancia de que exista el reconocimiento y la incorporación de este concepto en las legislaciones y los códigos penales de cada país.

En México, las 32 entidades han tipificado el delito de feminicidio, mientras que, de acuerdo con la Comisión Nacional para Prevenir y erradicar la Violencia Contra las Mujeres, a noviembre de 2019, 18 entidades han declarado la alerta de género, dos están en proceso y ocho han rechazado declararla.

Feminicidio

A pesar de la movilización social que han comenzado grupos de mujeres, la violencia feminicida no disminuye. El Sistema Nacional de Seguridad Pública (SNSP) reportó en el primer mes del 2020 un total de 73 feminicidios, lo que significó una ligera baja en relación con el mismo mes en el 2019, cuando se cometieron 75; sin embargo, los feminicidios siguen por arriba de las cifras reportadas en años anteriores, pues en enero de 2018, hubo 69; en enero de 2017, 51; en enero de 2016, 44; y en enero de 2015, 33 (Infobae, 2020 a). Por otra parte, la ONU ha señalado que en México 3 mil 825 mujeres fueron víctimas de homicidio, lo que significa que en promedio 10 mujeres son asesinadas cada día (Naciones Unidas México, 2020).

Violencia contra los defensores de DH

También preocupa la situación que viven en México los defensores de derechos humanos. Durante el 2019 la OACNUDH-MX documentó el asesinato de al menos 20 personas defensoras de derechos humanos y hasta mediados de abril del 2020 ya contabilizaba 4 de ellos (OACNUDH, 2020).

Violaciones al derecho al medio ambiente

En otro orden de ideas, uno de los temas de gran impacto en los últimos años y que por tanto no podemos pasar por alto, han sido las violaciones al derecho humano al medio ambiente sano y ecológicamente equilibrado. El artículo 4°, párrafo quinto de la Constitución Política de los Estados Unidos Mexicanos señala que toda persona tiene derecho a un medio ambiente sano para su desarrollo y bienestar; asimismo, el Estado deberá garantizar el respeto a este derecho y el daño y deterioro ambiental generará responsabilidad para quien lo provoque. Por ello, es grave la contaminación y violaciones a derechos humanos por la responsabilidad de algunas empresas; por ejemplo, se ha documentado que en agosto de 2014 una planta de la empresa minera Buenavista del Cobre, subsidiaria de Grupo México, ocasionó un desastre medioambiental, quizás a la fecha el mayor en la historia del país, al derramar 40 millones de litros de sulfato de cobre, sustancia tóxica para la fauna, en el Río Sonora (Soto, 2019).

Finalmente, podemos enfatizar que hoy vivimos la tercera alternancia de gobierno que retoma el mismo paradigma fallido en seguridad pública. Las espirales de violencias siguen y los hechos en donde se han visto involucradas autoridades también. En el marco de un Estado democrático de derecho, el respeto y pleno ejercicio de los derechos humanos de todas las personas es una condición ineludible, por lo que en México más allá de necesitarse una normatividad acorde a los estándares internacionales y de una agresiva narrativa en materia de atención, respeto y observación de los derechos humanos, el desafío es instrumentar políticas públicas con perspectiva de derechos humanos para atender esta crisis; sólo así habrá certeza de que nuestro país se encaminará hacia una verdadera transición democrática.

6.1 Los derechos humanos en México después de la covid-19

Como ya se ha señalado, los derechos humanos son una construcción social que ha venido manifestándose de diversas maneras a lo largo de la historia de la humanidad y hoy en día su trascendencia es de tal magnitud que su plena vigencia es determinante en la vida de las personas y las naciones. Por ello, en el contexto de la reciente crisis sanitaria generada por la covid-19, es momento de reflexionar acerca del impacto de esta pandemia para los derechos humanos en nuestro país.

Actualmente, la covid-19 representa una nueva crisis para la civilización, ya que da cuenta de que no necesitamos de guerras nucleares para acabar con el planeta; comprueba que es el mal uso de los recursos renovables lo que nos ha llevado a conocer los límites de la pesca, el agua, la flora y la fauna, llevándonos al camino de la autodestrucción.

Capitalismo, desigualdad y pandemia

Es en este contexto que en la región de Latinoamérica, más específicamente en México, sufrimos una pandemia que se arrecia y visibiliza las consecuencias de un modelo de desarrollo basado un capitalismo salvaje de explotación, de extra-activismo y, en suma, de concentración de la riqueza y reproducción de la pobreza.

Las desigualdades estructurales que ya padecía nuestro país se profundizarán con la pandemia, de modo que se trata de una crisis sanitaria que no sólo afectará a los grupos de población más vulnerables, sino que también podría provocar que se reviertan los avances en materia de desarrollo social.

Por ejemplo, el Consejo Nacional de Evaluación de la Política de Desarrollo Social (Coneval) ha estimado que la pobreza por ingresos podría incrementarse entre 7.2 y 7.9 puntos porcentuales, teniendo un incremento de la pobreza extrema por ingresos entre 6.1 y 10.7 millones de personas para el 2020, mientras que para la pobreza laboral se estima un aumento de 37.3% a 45.8% en los primeros dos trimestres del mismo año. Asimismo, algunos pronósticos para el país estiman una caída del Producto Interno Bruto (pib) entre el 2% y 6%, con algunas estimaciones aún mayores.

Empobrecimiento y desempleo

Por otra parte, de acuerdo con la Encuesta Telefónica de Ocupación y Empleo (etoe) difundida o por el Instituto Nacional de Estadística, Geografía e Informática (Inegi), se confirman los peores pronósticos de empobrecimiento derivados de la crisis económica y sanitaria que estamos viviendo. El crecimiento del desempleo y la reducción de ingresos de quienes conservan su trabajo agravan la ya de por sí precaria condición del sistema laboral de nuestro país. En este sentido, el desempleo total pasa de 7.7 millones a 22.1 millones, de los cuales 2.1 millones se encuentran en desocupación abierta y 20 millones se encuentran disponibles para trabajar; entre estos 20 millones, hay 12.5 millones que perdieron su vínculo laboral en marzo o abril del 2020 (Acción Ciudadana Frente a la Pobreza, 2020).

Crisis del sistema de salud

La pandemia no sólo ha revelado que la desigualdad, la informalidad laboral y el acceso a la salud ya eran un problema en el país, sino que podrían ahondarse con la crisis sanitaria. México padecía un sector salud abandonado por años, que en el 2019 sufrió de recortes. Según datos del Instituto Mexicano para la Competitividad, AC (IMCO), como porcentaje del PIB, el gasto público en salud pasó de 2.7% en 2015 a 2.4% en 2019, el más bajo de la Organización para la Cooperación y el Desarrollo (OCDE) (Masse, 2019). Asimismo, el Instituto de Salud para el Bienestar (Insabi) sustituyó al Seguro Popular para dar atención médica y medicamentos gratuitos a 69 millones de personas sin seguridad social (Ortega, 2020). Sin embrago, el Instituto tuvo que solicitar a la Secretaría de Hacienda 9 337 millones de pesos para equipar hospitales durante la crisis de coronavirus (Infobae, 2020 b).

Por otro lado, el MICO señala que el Instituto de Seguridad y Servicios Sociales de los Trabajadores del Estado (ISSSTE) y el Instituto Mexicano del Seguro Social (IMSS) son dos de las tres entidades con más unidades compradoras en riesgo de caer en corrupción. A esto se aúnan las denuncias públicas sobre irregularidades en la compra de ventiladores pulmonares por parte del IMSS (Adam, 2020), junto con el debate público sobre la certeza de las cifras dadas por el gobierno federal en cuanto al número real de personas infectadas, enfermas y decesos, lo que vulnera el derecho a la verdad, el acceso a la información y la transparencia. Además, a esto se sumó las diversas manifestaciones del personal de la salud por la falta de equipo y material adecuado, lo que transgrede el derecho de protección a la salud como derecho social previstos en la Constitución mexicana y diversos instrumentos internacionales obligatorios para nuestro país.

Tampoco podemos omitir que la pandemia se ha desarrollado en un contexto de graves violencias en el país, situación que ha afectado a grupos como el de familiares de personas desaparecidas, al no poder salir a buscar a sus familiares aunado a que sus ingresos también se han visto comprometidos.

Nueva normalidad

La llamada *nueva normalidad* en México debe contemplar una revalorización de nuestro modelo económico, político, social y ambiental, pues no asumir este reto sería un grave error que pagaríamos muy caro. También debemos insistir sobre la protección al personal de la salud y otros sectores, como el de las trabajadoras del hogar y demás grupos que padecerán una mayor situación de vulnerabilidad como la niñez, los migrantes, las personas privadas de la libertad, las mujeres, los adultos mayores, entre otros.

Lo anterior también pondrá a prueba la progresividad de los derechos económicos, sociales y culturales: estatalmente deberán adoptarse medidas internas —legislativas, judiciales, administrativas, económicas y sociales— y de cooperación internacional, a fin de cumplir las obligaciones esenciales y evitar medidas regresivas.

DH y pandemia

Sin duda, como se ha señalado por las Naciones Unidas, la COVID-19 es la mayor crisis de salud pública de nuestra generación; es por ello que frente a esta tragedia debemos responder una vez más por la vía civilizadora, mediante los postulados que obligan a los Estados a respetar y proteger los derechos humanos de todas las personas. Como dijo ya la Alta Comisionada de las Naciones Unidas para los Derechos Humanos, Michel Bachelet, resulta esencial en la actualidad "poner los derechos humanos al centro" de la respuesta para enfrentar la pandemia.

7. A manera de conclusión

A lo largo del presente texto hemos revisado que los derechos humanos son valores, una forma de vida, una construcción social que evoluciona de manera constante y que, más allá de ser un concepto, son una expresión de la democracia que se traduce en leyes e instituciones, formas de relación mediante las cuales se aspira a que el respeto a la dignidad humana de todas las personas sea una realidad.

Colaboración entre organismos

En México este proceso ha requerido de la suma de voluntades y de la colaboración de organismos públicos y civiles dedicados a dicho fin, así como del esfuerzo y la acción de distintas autoridades, lo que ha permitido posicionar temas relevantes en la agenda de derechos humanos; sin embargo, otros aspectos aún quedan pendientes y algunos más están profundamente rezagados, manifestándose como una crisis de derechos humanos.

Para afrontar este gran desafío, debemos tener claridad en que las acciones de promoción, difusión y ejercicio de los derechos humanos que impulsemos hoy serán la base de la sociedad democrática del presente y del futuro, pues como nos ha enseñado la historia de los derechos humanos, su vigencia y respeto no sólo tiene como base a las leyes e instituciones, sino que también depende en gran medida de todas y todos.

Hay que estar vigilantes, pues este proceso no es lineal, puede tener avances y retrocesos. De hecho, en los escenarios tanto mundial, regional y nacional como los niveles estatales y locales, vemos tensiones y circunstancias que ponen en entredicho los logros y alcances de los derechos humanos, aunque simultáneamente vemos avances y logros nuevos.

Es un proceso complejo no exento de tensiones, conflictos y a la vez logros y triunfos, como lo ha sido el proceso mismo por la lucha del respeto a la dignidad humana y la justicia.

Avances internacionales

Tenemos que ver los avances internacionales, pero a la vez destacar y valorar los propios procesos nacionales y locales de manera que la historia de los derechos humanos no sea sólo la historia occidental, sino que en verdad se avance hacia la verdadera universalización y se refleje la cosmovisión de las diferentes culturas y naciones del mundo.

El siglo XXI puede ser el siglo de los derechos para todos y todas, justo como contenido mismo de la democracia, entendida ésta no sólo como sistema electoral, sino como forma de vida. Tendremos que avanzar entonces a reconocer la dignidad de todas y todos, a reconocer a los otros y otras con la misma dignidad propia y a reconocer a todas las personas como portadoras de esa misma dignidad.

Tanto la COVID-19, como los viejos y nuevos desafíos en materia de derechos humanos en México y en el mundo requerirán de ser enfrentados con determinación y congruencia para construir poco a poco, sin demagogias ni engaños, un proceso civilizador que tenga su centro en el ejercicio de los derechos humanos de todas y todos.

Glosario / Fuentes de consulta

8. Glosario

Declaración. Instrumento declarativo emitido por algún organismo internacional o conferencia en los que participan representantes de los países integrantes de la ONU o de determinadas regiones o grupos. Dependiendo de la jerarquía del órgano que emita la declaración, así como de la importancia y jerarquía que el organismo o la conferencia tengan en la comunidad internacional, podrá atribuírsele mayor o menor valor jurídico a la misma.

Declaración y Programa de Acción de Viena. Resultado de la Conferencia Mundial de Derechos Humanos celebrada en Viena del 14 y el 25 de junio de 1993, esta declaración afirma, entre otras cosas, que los derechos a la educación, la capacitación y la información pública son esenciales para promover y lograr relaciones estables y armoniosas entre comunidades, así como para consolidar la comprensión mutua, la tolerancia y la paz. En ella se recomendó a los Estados hacer esfuerzos para erradicar el analfabetismo y orientar la educación hacia el pleno desarrollo de las personas, así como para fortalecer el respeto a los derechos humanos y a las libertades fundamentales. También se hicieron recomendaciones concretas para fortalecer y armonizar la capacidad de seguimiento del sistema de las Naciones Unidas, por lo que se solicitó que la Asamblea General instituyera el Alto Comisionado para los Derechos Humanos, que fue creado posteriormente, el 20 de diciembre de 1993.

Defensoría del Pueblo. Organismo público autónomo con personalidad jurídica y patrimonio propios, que tiene por objeto la protección, defensa, vigilancia, promoción, estudio, educación y difusión de los derechos humanos; así como el combate de toda forma de discriminación y exclusión, consecuencia de un acto de autoridad a cualquier persona o grupo social.

Derecho Internacional Humanitario (DIH). Conjunto de normas que trata de limitar los efectos de los conflictos armados. Protege a las personas que no participan, o que dejaron de hacerlo, en los combates y limita los medios y métodos de hacer la guerra. El DIH suele llamarse también "derecho de la guerra" y "derecho de los conflictos armados".

Derecho natural. Sistema de normas, principios e instituciones que congregan los valores permanentes, inmutables y eternos inspirados en la naturaleza humana.

Modelo integral de defensa. Modelo de defensa que coloca en el centro a las personas al asumirlas como ciudadanas y ciudadanos que ejercen sus derechos. Asimismo, la calificación y los procedimientos de investigación de quejas se llevan a cabo, en este modelo, a partir de las disposiciones del derecho internacional de los derechos humanos y bajo un enfoque de integralidad de los mismos.

Progresividad. Constituye una de las principales características de los derechos humanos y se refiere a su tendencia a ampliar su ámbito de protección, el número y contenido de los derechos protegidos, así como la eficacia y vigor de los procedimientos que los afirman y salvaguardan, de un modo continuado e irreversible.

Recomendación. Acto jurídico de derecho público que es propio de los organismos no jurisdiccionales que investigan, documentan, valoran pruebas y postulan una convicción en el sentido de que una autoridad ha violado derechos humanos en perjuicio de alguna o algunas personas, en el ámbito de su competencia constitucional y legalmente establecida. Las recomendaciones no tienen efectos respecto de actos imperativos del Estado. En el artículo 48 de la Constitución mexicana se establece que las recomendaciones no podrán anular, modificar o dejar sin efecto las resoluciones o actos contra los cuales se haya presentado la queja o denuncia.

Sistema nacional no jurisdiccional de protección a los derechos humanos. A partir de la reforma constitucional de 1992, en la que se agregó un apartado B al artículo 102 de la Constitución mexicana, se establecieron las bases para la creación y funcionamiento del "Sistema nacional no jurisdiccional de protección a los derechos humanos", el cual se integra por los 33 organismos públicos de derechos humanos del país; es decir, por la CNDH, las comisiones estatales de derechos humanos y las procuradurías encargadas de su defensa y promoción.

Tratados. Acuerdos de voluntades celebrados entre sujetos del derecho internacional —Estados y otros como los organismos internacionales— mediante los cuales se crean, transmiten, modifican o extinguen derechos y obligaciones para las partes. Reciben nombres diversos, sin perder su calidad de tratados, tal es el caso de convenciones, convenios, pactos, entre otros. Los tratados sobre derechos humanos tienen características especiales que los distinguen de aquéllos en donde los derechos y obligaciones se definen como prestaciones y contraprestaciones recíprocas entre los Estados parte. En materia de derechos humanos los tratados son normativos; es decir, no contienen obligaciones recíprocas, sino que éstas se prevén para beneficio de las personas que habitan en el territorio de los Estados que celebran el tratado.

9. Fuentes de consulta

Sitios oficiales

https://amnistia.org.mx/contenido/
Amnistía Internacional

https://causaencomun.org.mx/beta/
Causa en Común

https://www.cejil.org
Center for Justice and International Law

https://centroprodh.org.mx
Centro de Derechos Humanos Miguel Agustín Pro Juárez, AC

https://cadhac.org
Ciudadanos en Apoyo a los Derechos Humanos, AC

https://www.casede.org
Colectivo de Análisis de la Seguridad con Democracia, AC

https://www.fundacionjusticia.org
Fundación para la Justicia y el Estado Democrático de Derecho

https://gire.org.mx
Grupo de Información en Reproducción Elegida

https://www.hrw.org/es/about
Human Rights Watch

https://www.mucd.org.mx
México Unido contra la Delincuencia

http://www.mpjd.mx
Movimiento por la Paz con Justicia y Dignidad

https://movndmx.org
Movimiento por Nuestros Desaparecidos en México

https://ibero.mx/programa-de-derechos-humanos-quienes-somos
Programa de Derechos Humanos de la Universidad Iberoamericana

https://cui.iteso.mx/web/general/detalle?group_id=96144
Programa Institucional de Derechos Humanos y Paz

https://www.unamenlinea.unam.mx/recurso/84564-pudh-programa-universitario-de-derechos-humanos-unam
Programa Universitario de Derechos Humanos de la Universidad Nacional Autónoma de México

https://www.pueblosinfronteras.org
Pueblos sin Fronteras

http://derechosinfancia.org.mx/index.php; https://redtdt.org.mx
Red por los Derechos de la Infancia en México

https://redtdt.org.mx
Red Nacional de Organismos Civiles de Derechos Humanos Todos los Derechos para Todos y Todas

https://www.senado.gob.mx/64/
Senado de República

Bibliohemerografía

Álvarez Icaza Longoria, Emilio (2020), *El proceso de institucionalización de los derechos humanos en México. El caso de la CDHDF bajo el modelo de institucionalización democrática en la gestión 2001-2009*, tesis para optar por el grado de doctor en ciencias políticas y sociales, Universidad Nacional Autónoma de México.

________ y González-Barreras, Imelda (2017), *Derechos humanos, ciudadanía y paz*, Guadalajara, Jalisco, Instituto Tecnológico y de Estudios Superiores de Occidente.

________ (2010), "La institucionalización de los derechos humanos. Reflexiones en torno a la sociedad civil y los organismos públicos de derechos humanos", en Roberto Blancarte, (coord.), *Los grandes problemas de México*, T. XVI, col. Culturas e identidades, El Colegio de México, México.

Bazdresch, Luis (1992), "Garantías constitucionales. Curso introductorio actualizado", México, Trillas.

Blengio Valdés, Mariana (2016), "La dignidad humana como parámetro de interpretación en fuentes de derecho internacional de los derechos humanos y bioética. ¿La definición inexistente?", en *Revista de derecho público*, año 25, núm. 49, julio.

Centro de Estudios Sociales y de Opinión Pública (CESOP) (2017), "Los derechos humanos de cuarta generación. Un acercamiento", Cámara de Diputados LXIII Legislatura, México, agosto.

Comisión Interamericana de Derechos Humanos (CIDH) (2009), "Informe sobre seguridad ciudadana y derechos humanos", Washington, D.C., Organización de los Estados Americanos.

Corcuera Cabezut, Santiago (2004), "Derecho constitucional y derecho internacional de los derechos humanos", Oxford, México.

Crenzel, Emilio (2010), "Políticas de la memoria en Argentina. La historia del informe nunca más", en *Papeles del* CEIC, núm. 61, septiembre.

Fundación para la Justicia y el Estado Democrático de Derecho AC (Dejusticia) (2015), *Amicus curiae*. Estudio de los estándares internacionales sobre la definición de graves violaciones a los derechos humanos aplicable en los Estados Unidos Mexicanos, México, Centro de Estudios de Derecho, Justicia y Sociedad.

Delpiazzo, Carlos E. (2018), "Dignidad humana y principio 'pro hómine' en los litigios sobre derechos humanos", en *Revista del derecho público*, año 27, núm. 54, diciembre, pp. 35-46.

Fajardo Sánchez, Luis Alfonso (2013), "Fray Antón de Montesinos: su narrativa y los derechos de los pueblos indígenas en las constituciones de nuestra América", en *Revista Hallazgos*, año 10, núm. 20, Bogotá.

Ferrajoli, Luigi; Pisarello, Gerardo; Bacelli, Luca y De Cabo, Antonio (2001), "Los fundamentos de los derechos fundamentales", Barcelona, España, Trotta.

Gándara Carbadillo, Manuel E. (2019), "Los derechos humanos en el siglo XXI", Buenos Aires, CLACSO, Instituto Joaquín Herrera Flores.

Marina, José Antonio y De la Válgoma, María (2005), *La lucha por la dignidad política. Teoría de la felicidad política*, Barcelona, Anagrama.

Martínez de Pisón Cavero, José (1997), *Derechos humanos: un ensayo sobre su historia, su fundamento y su realidad*, Zaragoza, España, Egido.

Moreno-Bonett, Margarita (2005), *Los derechos humanos en perspectiva histórica. De los derechos individuales a los derechos sociales 1857-1917*, México, Instituto de Investigaciones Jurídicas, UNAM.

ONU Mujeres e Inmujeres (2017), La violencia feminicida en México, aproximaciones y tendencias 1985-2016, México.

Paúl Díaz, Álvaro (2016) "La génesis de la Declaración Americana de los Derechos y Deberes del Hombre y la relevancia actual de sus trabajos preparatorios", en *Revista de derecho de la Universidad católica de Valparaíso*, núm. 47, Valparaíso, Universidad Católica de Valparaíso, pp. 361-395.

Pele, Antonio (2004), "Una aproximación al concepto de dignidad humana", en *Universitas. Revista de filosofía, derecho y política*, Madrid, Universidad Carlos III de Madrid, Instituto de Derechos humanos Bartolomé de las Casas, núm. 1, diciembre-enero, pp. 9-13.

Saavedra Álvarez, Yuria (2018), "El sistema africano de derechos humanos y de los pueblos. Prolegómenos", en *Anuario Mexicanos de Derecho Internacional*, México, Instituto de Investigaciones Jurídicas, UNAM, vol. VIII., pp. 671-712.

Sikkink, Kathryn (2015), "El papel protagonista de Latinoamérica en los derechos humanos", en *Sur. Revista Internacional de Derechos humanos, Conectas Derechos Humanos*, Sao Paulo, vol. 12, núm. 22, pp. 215-228.

_______ (2018), *Razones para la esperanza. La legitimidad y efectividad de los derechos humanos de cara al futuro*, Buenos Aires, Siglo XXI Editores.

Squella Narducci, Agustín (1989), "Libertad e igualdad. Las promesas cumplidas e incumplidas de la democracia', en *Anuario de filosofía del derecho*, Valladolid, Universidad de Valladolid, núm. 6, pp. 253-266.

Fuentes electrónicas

Acción Ciudadana Frente a la Pobreza (2020), "Se dispara el desempleo y se derrumban los ingresos de quienes trabajan" [en línea], disponible en: <https://frentealapobreza.mx/wp/1570491451131/comunicado-9-2020/> [consulta: 4 de junio de 2020].

Adam, Samuel (2020), "Investiga Función Pública compra de ventiladores pulmonares a hijo de Bartlett" [en línea], 4 de mayo, en Mexicanos contra la Corrupción y la Impunidad, disponible en: <https://contralacorrupcion.mx/funcion-publica-hijo-bartlett/> [consulta: 4 de junio del 2020].

Álvarez Icaza Longoria, Emilio y González Barreras, Imelda Noemi (2017), *Derechos humanos, ciudadanía y paz* [en línea], Guadalajara, Jalisco, Instituto Tecnológico y de Estudios Superiores de Occidente, disponible en: <https://www.jstor.org/stable/j.ctvjhzsg3>.

Agencia de la ONU para los Refugiados (Acnur), "¿Cuáles son los derechos humanos de tercera generación?" [en línea], disponible en: <https://eacnur.org/blog/derechos-humanos-tercera-generacion-tc_alt45664n_o_pstn_o_pst/> [consulta: 15 de abril de 2020].

Asamblea General de las Naciones Unidas (2020), "Declaración del Milenio" [en línea], Quincuagésimo quinto periodo de sesiones, 13 de septiembre, disponible en: <https://www.un.org/spanish/milenio/ares552.pdf> [consulta: 22 de abril de 2020].

Bustamante Donas, Javier, "Hacia la cuarta generación de derechos humanos: repensando la condición humana en la sociedad tecnológica" [en línea], *Revista Iberoamericana de Ciencia, Teconología, Sociedad e Innivación*, Madrid, Organización de estados Iberoamericanos para la Educación, la Ciencia y la Cultura, núm. 1, septiembre-diciembre, disponible en: <https://telos.fundaciontelefonica.com/archivo/numero085/la-cuarta-generacion-de-derechos-humanos-en-las-redes-digitales/>.

Cámara de Diputados. Leyes Federales de México [en línea], disponible en: <http://www.diputados.gob.mx/LeyesBiblio/index.htm>.

Comisión Interamericana de Derechos Humanos (CIDH) (a), "Documentos básicos. La Corte Interamericana de Derechos Humanos" [en línea], disponible en: <http://www.oas.org/es/cidh/mandato/Basicos/introduccion.asp>, [consulta: 31 de julio de 2020].

_______ (b), "CIDH manifiesta su profunda preocupación por efecto de la denuncia de la Convención Americana por parte de Venezuela" [en línea], disponible en: <http://www.oas.org/es/cidh/prensa/comunicados/2013/064.asp> [consulta: 31 de julio de 2020].

_______, "¿Qué es la CIDH?" [en línea], disponible en: <http://www.oas.org/es/cidh/mandato/que.asp>, [consulta: 31 de julio de 2020].

CNN en Español (2019), "Así fue el intercambio entre AMLO y Jorge Ramos en la mañanera" [video de YouTube], 12 de abril, disponible en: <https://m.youtube.com/watch?v=_BMeALWoZno> [consulta: 15 de abril de 2020].

Comisión Mexicana de Defensa y Promoción de los Derechos Humanos [en línea], disponible en: <https://www.google.com/search?client=safari&rls=en&q=comisi%C3%B3n+mexicana+de+defensa+y+promoci%C3%B3n+de+los+derechos+humanos&ie=UTF-8&oe=UTF-8>, [consulta: 20 de abril de 2020].

Comisión Nacional de los Derechos Humanos (CNDH) (a), "Informe especial de la Comisión Nacional de los Derechos Humanos sobre desaparición de personas y fosas clandestinas en México" [en línea], disponible en: <https://www.cndh.org.mx/documento/informe-especial-de-la-comision-nacional-de-los-derechos-humanos-sobre-desaparicion-de> [consulta: 18 de abril de 2020].

_______ (b), "Recomendaciones por violaciones graves" [en línea], disponible en: <https://www.cndh.org.mx/tipo/225/recomendacion-por-violaciones-graves> [consulta: abril 21 de 2020].

Consejo Nacional de Evaluación de la Política de Desarrollo Social (Coneval), "La política social en el contexto de la pandemia por el virus SARS-CoV-2 (COVID-19) en México" [en línea], disponible en: <https://www.coneval.org.mx/Evaluacion/IEPSM/Documents/Resumen_Ejecutivo_COVID-19.pdf>, [consulta: 3 de junio de 2020].

Comisión Nacional de Búsqueda [blog], "Informe de Búsqueda, identificación y registro de personas desaparecidas", disponible en: <https://www.gob.mx/cnb/articulos/informe-de-busqueda-identificacion-y-registro-de-personas-desaparecidas> [consulta: corte al 13 de julio de 2020].

Comisión Nacional para Prevenir y Erradicar la Violencia Contra las Mujeres, "Sistema nacional de prevención, atención, sanción y erradicación de la violencia contra las mujeres" [en línea], disponible en: <https://www.gob.mx/conavim/es> [consulta: 3 de noviembre de 2019].

Corte Interamericana de Derechos Humanos (CorteIDH) (2020), "ABC Corte Interamericana de Derechos Humanos. El cómo, cuándo, dónde y porqué de la Corte Interamericana de Derechos Humanos" [en línea], San José de Costa Rica, disponible en: <http://www.corteidh.or.cr/tablas/abccorte/ABC_es.pdf> [consulta: 31 de julio de 2020].

________ y Comité Internacional de la Cruz Roja (2018), "Interacción entre el derecho internacional de los derechos humanos y el derecho internacional humanitario" [en línea], en *Cuadernillo de la Jurisprudencia de la Corte Interamericana de Derechos Humanos*, núm. 17, San José, Costa Rica, disponible en: <http://www.corteidh.or.cr/sitios/libros/todos/docs/cuadernillo17.pdf>.

Lafuente, Javier (2019), "Las cesiones en migración aplacan los ataques de Trump a México" [en línea], en *El País*, 22 de julio, disponible en: <https://elpais.com/internacional/2019/07/21/mexico/1563728366_358579.html>, 21 de abril de 2020.

Golsinga Ramírez, Lorena, Hernández García, Adrián e Ibarra Romo, Mauricio, *Evolución del marco normativo del Ombudsman nacional mexicano: 1900-2002* [en línea], México, Comisión Nacional de Derechos Humanos, 2002, 257 pp., disponible en: <https://biblioteca.cejamericas.org/bitstream/handle/2015/2028/evol-ombudsman.pdf?sequence=1&isAllowed=y>.

Infobae (2020 a), "Feminicidios en México: los cinco estados con más ataques contra mujeres en 2020" [en línea], disponible en: <https://www.infobae.com/america/mexico/2020/02/23/feminicidios-en-mexico-los-cinco-estados-con-mas-ataques-contra-mujeres-en-enero-de-2020/> [consulta: 23 de febrero de 2020].

Infobae (2020 b), "Insabi solicitó a Hacienda 9 337 millones de pesos para equipar hospitales durante la crisis de coronavirus" [en línea], disponible en: <https://www.infobae.com/america/mexico/2020/04/25/insabi-solicito-a-hacienda-9337-millones-de-pesos-para-equipar-hospitales-durante-crisis-de-coronavirus/> [consulta: 4 de junio del 2020].

Institución Nacional de Derechos Humanos y Defensoría del Pueblo, "Creación y evolución histórica" [en línea], disponible en: <https://www.gub.uy/institucion-nacional-derechos-humanos-uruguay/institucional/creacion-y-evolucion-historica> [consulta: 22 de abril del 2020].

Instituto Interamericano de Derechos Humanos, "Derechos humanos en la agenda de población y desarrollo. Vínculos conceptuales y jurídicos, estándares de explicación" [en línea], San José, Costa Rica, Instituto Interamericano de Derechos Humanos-Fondo de Población de las Naciones Unidas, disponible en <https://www.iidh.ed.cr/IIDH/media/1495/derechos-humanos-agenda-port-pobl-des.pdf>.

________, "Información institucional" [en línea], disponible en: <https://www.iidh.ed.cr/multic/default_12.aspx?contenidoid=31607c03-bd4b-4079-8d22-8b8327b9de4a&Portal=IIDH> [consulta: 31 de julio de 2020].

Instituto Latinoamericano de *Ombudsman*, "Desafíos de las defensorías del pueblo en Latinoamérica" [en línea], disponible en: <http://www.ilo-defensordelpueblo.org/noticias-blog/184-desaf%C3%ADos-de-las-defensor%C3%ADas-del-pueblo-en-latinoamérica> [consulta: 21 de abril del 2020].

Masse, Fátima (2019), "Una crisis en salud anunciada" [en línea], en Instituto Mexicano para la Competitividad (IMCO), disponible en: <https://imco.org.mx/una-crisis-salud-anunciada/> [consultado el 4 de junio del 2020].

Mora, Antonio (coord.) (2016), "El libro del Defensor del Pueblo" [en línea], Madrid, Defensor del Pueblo, disponible en: <https://www.defensordelpueblo.es/wp-content/uploads/2015/06/LDP_I_origen.pdf>.

Naciones Unidas México, "Objetivos de Desarrollo del Milenio" [en línea], disponible en: <http://www.onu.org.mx/agenda-2030/objetivos-de-desarrollo-del-milenio/> [consulta: 22 de abril del 2020].

Nikken, Pedro (1997), "Sobre el concepto de derechos humanos" [en línea] , Instituto Interamericano de Derechos Humanos, Seminario sobre Derechos Humanos, San José, Costa Rica, disponible en línea: <https://www.iidh.ed.cr/IIDH/media/1995/seminario-ddhh-habana-1997.pdf> [consulta: 25 de abril de 2020].

Organización de los Estados Americanos (OEA) (a), "Estados miembros" [en línea], disponible en: <http://www.oas.org/es/estados_miembros/default.asp> [consulta: 31de julio de 2020].

Organización de los Estados Americanos (OEA) (b), "Oficina del *Ombdusperson*" [en línea], disponible en: <https://www.oas.org/es/ombuds/> [consulta: 6 de septiembre de 2020].

Organización de los Estados Americanos (OEA) (c), "Quiénes somos" [en línea], disponible en: <http://www.oas.org/es/acerca/quienes_somos.asp> [consulta: 31 de julio de 2020].

Organización Panamericana de la Salud para la Organización Mundial de la Salud (2002), "Informe mundial sobre la sobre la violencia y la salud. Resumen" [en línea], Washington, D.C., Organización Mundial para la Salud. Disponible en: <https://www.who.int/violence_injury_prevention/violence/world_report/es/summary_es.pdf> [consulta: 6 de septiembre de 2020].

Oficina del Alto Comisionado para los Derechos Humanos y Unión Interparlamentaria (OACNUDH) (2016), "Derechos Humanos, Manual para parlamentarios" [en línea], núm 26, Ginebra, disponible en: <https://www.refworld.org.es/pdfid/5b72fb824.pdf>.

Oficina del Alto Comisionado de las Naciones Unidas para Derechos Humanos (OACNUDH) (a), "Órganos de tratados de derechos humanos" [en línea], disponible en: <https://www.ohchr.org/SP/HRBodies/Pages/TreatyBodies.aspx> [consulta: 31 de julio de 2020].

Oficina de la Alta Comisionada de las Naciones Unidas para los Derechos Humanos (OACNUDH) (1993), "20 años trabajando por tus derechos. 1993 Conferencia Mundial de Derechos Humanos" [en línea], disponible en: <https://www.ohchr.org/SP/NewsEvents/OHCHR20/Pages/WCHR.aspx> [consulta: 16 de abril de 2020].

Oficina de la Alta Comisionada de las Naciones Unidas para los Derechos Humanos en México (2020), "ONU-DH condena el asesinato del defensor ambiental Adán Vez Lira en Veracruz y llama a garantizar condiciones seguras para quienes defienden el medio ambiente" [en línea], disponible en: < https://hchr.org.mx/puntal/comunicado/onu-dh-condena-el-asesinato-del-defensor-ambiental-adan-vez-lira-en-veracruz-y-llama-a-garantizar-condiciones-seguras-para-quienes-defienden-el-medio-ambiente/> [consulta: lunes 22 de septiembre del 2021].

Oficina de la Alta Comisionada de las Naciones Unidas para los Derechos Humanos, "Comité contra la eliminación de la discriminación racial" [en línea], disponible en: <https://www.ohchr.org/sp/hrbodies/cerd/pages/cerdindex.aspx> [consulta:16 de abril de 2020].

Oficina de la Alta Comisionada de las Naciones Unidas para los Derechos Humanos, "Convenio sobre esclavitud" [en línea], disponible en: <https://www.ohchr.org/SP/ProfessionalInterest/Pages/SlaveryConvention.aspx> [consulta: 16 de abril de 2020].

Oficina de la Alta Comisionada de la Naciones Unidad para los Derechos Humanos en México (OACNUDH) (b), "Derecho Internacional de los Derechos Humanos" [en línea], disponible en: <https://hchr.org.mx/derechos-humanos/derecho-internacional-de-los-derechos-humanos/> [consulta: 21 de septiembre del 2021].

________ (c), "Objetivos de Desarrollo Sostenible. Los derechos humanos y la Agenda 2030 para el Desarrollo Sostenible" [en línea], disponible en: <https://www.ohchr.org/SP/Issues/SDGS/Pages/The2030Agenda.aspx> [consulta: 22 de abril de 2020].

Organización de las Naciones Unidas, "La Declaración y el Programa de Acción de Viena" [en línea], disponible en: <https://www.un.org/es/events/humanrightsday/2013/about.shtml> [consulta: 30 de marzo de 2020].

________, "Los redactores de la Declaración Universal de los Derechos Humanos" [en línea], disponible en: <https://www.un.org/es/sections/universal-declaration/drafters-universal-declaration-human-rights/index.html> [consulta :31 de julio de 2020].

Organización de las Naciones Unidas (2018), "Guterres pide respeto a la ley internacional en el trato a la caravana de migrantes" [en línea] en *Noticias ONU*, 22 de octubre, disponible en: < https://news.un.org/es/story/2018/10/1444062> [consulta: 21 de abril de 2020].

Organización de las Naciones Unidas México, "Objetivos de Desarrollo del Milenio" [en línea], disponible en: <http://www.onu.org.mx/agenda-2030/objetivos-de-desarrollo-del-milenio/>, [consulta: 22 de abril del 2020].

________ (2020), "ONU México llama a escuchar las voces de las mujeres que claman igualdad y justicia" [en línea], disponible en: <http://www.onu.org.mx/onu-mexico-llama-a-escuchar-las-voces-

de-las-mujeres-que-claman-igualdad-y-justicia/> 6 de marzo de 2020.

Organización Internacional del Trabajo, "C029-Convenio sobre el trabajo forzoso, 1930 (núm. 29)" [en línea], <https://www.ilo.org/dyn/normlex/es/f?p=NORMLEXPUB:12100:0::NO::P12100_ILO_CODE:C029> [consulta: 22 de abril de 2020].

Ortega, Adriana (2020), "El Insabi arrancó operaciones este 1 de enero: esto es lo que debes saber" [en línea], 2 de enero, en *Expansión*, disponible en <https://politica.expansion.mx/mexico/2020/01/02/el-insabi-arranco-operaciones-este-1-de-enero-esto-es-lo-que-debes-saber> [consulta: 4 de junio de 2020].

Parlamento Europeo, "Fichas temáticas sobre la Unión Europea. Sistema de protección a derechos humanos" [en línea], disponible en: <https://www.europarl.europa.eu/factsheets/es/indexsearch?query=sistema+de+protección+a+derechos+humanos>.

________, "Protección de los derechos fundamentales en la Unión" [en línea], disponible en: <https://www.europarl.europa.eu/about-parliament/es/democracy-and-human-rights/fundamental-rights-in-the-eu>, [consulta: 31 de julio de 2020].

Programa de las Naciones Unidas para el Desarrollo (PNUD) América Latina y el Caribe [en línea], "*Guatemala: una madre puede descansar en paz 31 años después de su muerte*", disponible en: <https://www.latinamerica.undp.org/content/rblac/es/home/ourwork/democratic-governance/successstories/guatemala-laying-a-mother-to-rest-after-31-years.html> [consulta: 20 de abril de 2020].

Redacción Aristegui Noticias (2019), "Datos del horror: Hay 3,024 fosas clandestinas en México" [en línea], 30 de agosto, disponible en: <https://aristeguinoticias.com/3008/mexico/datos-del-horror-hay-3024-fosas-clandestinas-en-mexico/> [consulta: 21 de abril de 2020].

Redacción Univisión (2017), "Así se descubrió la fosa clandestina más grande de México a partir de un mapa dibujado a mano" [en línea], en *Univisión,* 16 de marzo, disponible en <https://www.univision.com/geografia/mexico/asi-se-descubrio-la-fosa-clandestina-mas-grande-de-mexico-a-partir-de-un-mapa-dibujado-a-mano> [consulta: 18 de abril de 2020].

Salazar Muñoz, Rodrigo (2016), "Los derechos humanos en México: un reto impostergable" [en línea], en *Revista de Investigações Constitucionais,* Curitiba, Universidade Federal do Parana, vol. 3, núm. 1, p. 148, disponible en: <https://revistas.ufpr.br/rinc/article/view/45113>.

Salazar Ugarte, Pedro, Caballero Ochoa, José Luis y Vázquez, Luis Daniel (coords.) (2012), *La reforma constitucional en derechos humanos. Una guía conceptual* [en línea], México, Senado de la República-Instituto Belisario Domínguez, disponible en: <https://www.corteidh.or.cr/tablas/r33063.pdf>.

Secretaría de Gobernación (2019), "Mensaje del comisionado nacional, Roberto Cabrera Alfaro, sobre las acciones realizadas por la Comisión Nacional de Búsqueda" [en línea], publicado el 17 de enero, disponible en: <https://www.gob.mx/segob/prensa/mensaje-del-comisionado-nacional-roberto-cabrera-alfaro-sobre-las-acciones-realizadas-por-la-comision-nacional-de-busqueda?idiom=es>.

Secretaría de Relaciones Exteriores, "Primer Informe sobre el Seguimiento y Atención a las Recomendaciones Internacionales en Materia de Derechos Humanos dirigidas al Estado mexicano (2000-2018)" [en línea], disponible en: <http://recomendacionesdh.mx/upload/pissar_2000-2018SRE.pdf> [consulta: 30 de octubre de 2019].

Secretariado Ejecutivo del Sistema Nacional de Seguridad Pública, "Registro Nacional de Datos de Personas Extraviadas o Desaparecidas" [en línea], disponible en: <https://www.gob.mx/sesnsp/acciones-y-programas/registro-nacional-de-datos-de-personas-extraviadas-o-desaparecidas-rnped> [consulta: 13 de julio de 2020].

Soberanes, Rodrigo (2019), "Cierran Colinas de Santa Fe, la fosa más grande de México hallada por madres de desaparecidos" [en línea] en *Animal Político,* 9 de agosto, disponible en: <https://www.animalpolitico.com/2019/08/veracruz-cierran-colinas-santa-fe-busquedas-fosas/> [consulta: 21 de abril de 2020].

Soto Espinosa, Angélica (2019), "El historial de contaminación y violaciones a derechos humanos de Grupo México" [en línea] en *Cuestione*, julio 9, disponible en: <https://cuestione.com/detalle/mexico/el-historial-de-contaminacion-y-violaciones-a-derechos-humanos-de-grupo-mexico> [consulta: 17 de abril de 2020].

Subsecretaría de Gobierno de la Ciudad de México [en línea], disponible en: <https://penitenciario.cdmx.gob.mx/poblacion-penitencia ria> [consulta: 30 de octubre de 2019].

Suprema Corte de Justicia de la Nación (2012), "Tesis: 1a. XI/2012 (10a.)" en *Seminario Judicial de la Federación,* México, Libro V, Febrero, Tomo 1; Décima época, Registro digital 2000296, p. 667 (Tesis aislada. Constitucional Penal) [en línea], disponible en: <https://sjf.scjn.gob.mx/sjfsist/paginas/DetalleGeneralV2.aspx?ID=2000296&Clase=DetalleTesisBL&Semanario=0> [consulta: abril 21 de 2020].

Unesco, "Declaración Universal sobre la Democracia" [en línea], disponible en: <http://www.unesco.org/cpp/sp/declaraciones/democracia.htm> [consultado: 9 de abril de 2011].

United for Human Rights, "¿Qué son los derechos humanos?" [en línea], disponible en: <https://www.unidosporlosderechoshumanos.mx/what-are-human-rights/>.

Universal Rights Group, "Latin America. Una guía básica a los sistemas regionales de derechos humanos" [en línea], disponible en: <https://www.universal-rights.org/lac/guias-basicas-de-derechos-humanos/una-guia-basica-a-los-sistema-regionales-de-derechos-humanos/> [consulta: 16 de abril del 2020].